北京文化探微

探寻北京文化 Explore Beijing culture,
展现北京魅力 Embody the charm of Beijing

张维佳　郗志群　贺宏志
中国长城博物馆　著　主编

京畿屏障

Capital Region's Barriers

北京长城历史与文化

The History and Culture of Beijing Great Wall

北京出版集团
北京教育出版社

图书在版编目（CIP）数据

京畿屏障：北京长城历史与文化 / 中国长城博物馆
著. — 北京：北京教育出版社，2018.12（2020年11月重印）
（北京文化探微 / 张维佳，郗志群，贺宏志主编）
ISBN 978-7-5704-0893-1

Ⅰ . ①京… Ⅱ. ①中… Ⅲ. ①长城－北京－通俗读物
Ⅳ . ①K928.77-49

中国版本图书馆CIP数据核字（2018）第281371号

北京文化探微

京畿屏障

北京长城历史与文化

JINGJI PINGZHANG

张维佳　郗志群　贺宏志　主编

中国长城博物馆　著

出　版　北京出版集团
　　　　北京教育出版社
地　址　北京北三环中路6号
邮　编　100120
网　址　www.bph.com.cn
总发行　北京出版集团
经　销　全国各地书店
印　刷　三河市同力彩印有限公司
版印次　2018年12月第1版2020年11月第2次印刷
开　本　710毫米×1020毫米　1/16
印　张　11
字　数　146千字
书　号　ISBN 978-7-5704-0893-1
定　价　56.00元

如有印装质量问题，由本社负责调换
质量监督电话　010-58572393

总　序

在任何一个国家，其首都文化都是立足于首都定位，根植于首都特色文化资源，在国家文化建设中起着示范性和引领性的作用。美国城市文化学者刘易斯·芒福德（Lewis Mumford）关于城市文化有一段著名论述：“世界名都大邑之所以成功地支配了各国的历史，是因为这些城市始终能够代表他们的民族和文化，并把绝大部分流传后代。”

进入21世纪，中国迎来了新的历史时代。十九大报告明确指出“文化自信是一个国家、一个民族发展中更基本、更深沉、更持久的力量”，“深入挖掘中华优秀传统文化蕴含的思想观念、人文精神、道德规范，结合时代要求继承创新，让中华文化展现出永久魅力和时代风采”。“大力推进全国文化中心建设，提升文化软实力和国际影响力”是北京当前和今后一段时期的重要战略任务。如何弘扬和发展首都文化是北京建设全国文化中心的重要课题，对北京发展具有全局性的战略意义。

在这一新的时代背景下，我们十分需要对北京文化进行重新认识与解析，这是北京文化探微丛书出版的使命。

北京有着三千年的历史，是世界著名的古都和现代国际城市，孕育了底蕴深厚、丰富多彩、独特多元的北京文化。北京文化按照时间划分，可分为古代、近代、现代、当代四大类。按照内容性质，可细分为古城、皇家、民俗、革命、工业遗产、现代特色、大众休闲、文化艺术、奥运和文化教育等小类，并各自有着不同的空间载体。不同时期和类型的文化资源反映出北京城市文化精神内涵的不同方面。

北京文化探微丛书中一部分对北京城市文化空间现状进行简要解析，以期探索北京未来的文化发展空间与模式。比如长城、西山、长安

编委会

街、中轴线、798艺术区等；丛书同时解析了数百年来人们在社会生活中形成并传承下来的各种文化形式，比如京剧、曲艺、老字号、俗语民谣等，意在普及推广优秀的传统文化，促进其在新时代的传播与发展。丛书循着"浅入浅出"的原则，结构上以散点的形式对北京文化的核心价值进行提炼，内容上关照承继，注重当下，面向未来，用通俗易懂的语言和具有代表性的图片，梳理北京文化的诸多方面。丛书力戒专业知识的堆砌，侧重义理的阐发，阐明北京文化中体现人类普遍价值和现代意蕴的内容，传承历史，裨益当代。

丛书在论述北京文化的过程中，始终把中华文化作为参照。中华五千年文化源远流长、博大精深，它是中华民族几千年文明的结晶，是由中华民族创造，为中华民族世世代代所继承发展，具有鲜明民族特色和深刻内涵的文化。从古至今，中华文化都对世界文明的发展贡献巨大，影响深远。北京文化是中华五千年文化的一部分，是中华文化在北京这一特定区域的特色化发展，北京文化无不具体体现着中华文化的印迹。

北京文化探微丛书以文化自信为依归，在新时代背景下和国际化的视野中重新审视北京文化，向大众展示北京的首都风范、古都风韵、时代风貌，擦亮首都文化的"金名片"，是一套"立足本国又面向世界"的普及类图书，可以很好地助力北京在全国文化建设中发挥示范带动作用，助力北京文化走出去，助力北京在国际上形成更大的影响力。

张维佳

序

带你解读神秘的北京长城

长城是中国古代最伟大的军事防御工程，因其历史悠久、规模宏大而著称于世，是中华民族古老文化的丰碑和智慧结晶，象征着中华民族不屈不挠的民族精神。长城是中国文化符号的标志，也是中国对外交往的"金名片"。

北京长城历史悠久，文化底蕴深厚，伴随并见证了北京历史的变迁与发展：秦始皇东临碣石之后，从八达岭取道大同，再驾返咸阳；辽、金、元三朝入主中原；明成祖迁都北京；康熙帝北征噶尔丹等，都要经过长城防线。即便是到了近现代，长城也见证了中华民族对抗外敌进扰的历史，并逐渐内化为中华民族的精神力量。

北京长城建筑雄伟、设施齐全、建制多样，是明长城的精华段，更是中国长城的杰出代表。目前北京地区的长城总长度是573千米，由东到西行经平谷、密云、怀柔、延庆、昌平、门头沟6个区，且以半环形状护卫着北京城。

为了传播长城文化，弘扬博大的长城精神，对青少年开展爱国主义教育，北京市延庆区政府早在20世纪50年代就对八达岭长城进行了修复并对外开放。先后有2亿中外游客以及500多位各国元首和政府首脑登临八达岭长城。北京长城不仅证实了中华民族爱好和平的悠久历史，而且还见证了世界人民友好的事实。

长城是中国文化的符号与标志，更是北京文化的重要组成部分。为深入贯彻习近平总书记两次视察北京的重要讲话精神，北京立足全国文化中心建设定位，提出了建设"长城文化带"，内容包括保护长城文化遗产、传承长城文化、修复自然生态、创新管理模式、优化整合资源、弘扬长城精神等，最终要探索出一个文物保护、传承和利用相协调的新模式，实现文物保护更具原真性、利用更可持续、展示更全面、传承到永久的目的。

本书立足于对北京长城文化的挖掘、传承以及长城精神的弘扬，围绕长城的修建历史、军事防御、建筑形制、武器配备、民族融合以及长城的价值与魅力等6个方面进行叙述，既通俗易懂，又具知识性和趣味性，目的是让读者通过此书对北京长城能有一个系统而全面的认识，从而让更多的人热爱长城，保护长城，为弘扬长城精神贡献自己的力量。

长城为北京增添光彩，北京因长城更具魅力。愿绚丽多彩的北京长城文化，世代传承，造福人类！

中国长城博物馆馆长　赵建军

目　录

京畿屏障

北京长城历史与文化

1

跨越千年说长城

诸侯攻伐筑城防

中国长城的修建起源于春秋战国时期，距今已有两千多年的历史。最早的长城是位于河南的楚国方城。

据《左传》记载，楚成王十六年（前656年），齐国要举兵攻打楚国，军队已经到了陉这个地方，楚成王派了屈完去迎敌。到了召陵地区，屈完对齐侯说，你如果真想打一仗的话，楚国有方城可以作为城防，有汉水作为城池，足可以抵挡一阵子。齐侯见楚防御工事非常坚固，只好收兵。这个历史事件让人们知道了早在公元前656年，楚国已经有了能够防御的设施——方城。目前，史学界把方城列为中国最早的长城。

长城是军事防御工程，是为政治统治和经济发展服务的，同时也是经济发展的产物。长城的出现不是偶然，而是有它的历史必然性。

西周时期，周天子保持着"天下共主"的威权，普天之下，莫非王土，天子可以号令诸侯国。西周末年，各分封诸侯势力不断强大，周王室的地位一落千丈，只保有天下共主的名义，而无实际的控制能力，历史上"烽火戏诸侯"的故事就发生在西周末年。公元前770年，周平王东迁以后，东周开始。随着周室王权的衰微，诸侯们互相攻击或兼并的局面成了不可避免的社会现实，由此中国进入了列国纷争的大动荡、大分裂的战国时期。

西周晚期，我国开始使用铁器，进入铁、铜、石并用的时代（或称为早期铁器时代）。春秋时候，铁农具开始出现，战国时，铁农具使用范围迅速扩大。铁器坚硬、韧性高、锋利，胜过石器和青铜器。（图1-1）铁器的广泛使用，使人类的工具制造进入了一个全新的时期，生产力得到极大的提高，社会经济迅速发展，中原各诸侯国因社会经济条件不同，或强大起来，或衰落下去，甚至在北方有些原来被称为蛮夷戎狄的民族也强大起来。各诸侯国为了各自的利益，开始互相攻伐兼并，于是出现了大国间争

图1-1　战国时期的铁镐（左冬辰·FOTOE提供）

　　春秋战国时期是中国的早期铁器时代，战国中期以后，铁工具在农业、手工业中逐步取得支配地位，在社会生产中发挥了巨大的作用。

夺霸主的局面。先后有齐国的桓公、宋国的襄公、晋国的文公、秦国的穆公以及楚国的庄王，他们凭借自己所在国的实力以及个人的智慧与胆识，影响着中国这段历史的发展，被史学家称为"春秋五霸"。

战国时期形成了齐、楚、燕、韩、赵、魏、秦7个实力较强的诸侯国，也就是历史上的"战国七雄"。各诸侯国为了互相防御，纷纷在自己的领地上修起了一道道互防的长城。

其中，楚国已有防御强邻齐国的方城。当时的齐国，在齐桓公的领导下，任用管仲为相，在政治、经济上进行了一系列改革，迅速强大起来，最先成为霸主。（图1-2）齐桓公还采用管仲的谋略，以"尊王攘夷"为旗号，彰显齐国的政治地位和军事实力，曾为解救燕国打败了北戎、狄族的进攻。成语"老马识途"就是出自此典故。据《韩非子·说林上》载，

图1-2　齐桓公雕塑（汇图网提供）

齐桓公（约前716—前643），姜姓，吕氏，名小白，春秋五霸之首，先秦五霸之一。

3

管仲、隰朋从于桓公而伐孤竹，春往冬返，迷惑失道。管仲曰："老马之智可用也。"乃放老马而随之，遂得道。

　　这个典故讲的是管仲等人应燕国的请求跟随齐桓公去攻打孤竹，春天出发，冬天得胜欲返回齐国时迷失了道路。管仲说老马可以找到回家的路。于是让几匹老马走在队伍的前面，果然顺利找到了返回齐国的路，说明老马有较强的识路本领。现在人们常常用老马识途来比喻有经验的人对事情比较熟悉。

　　公元前656年，齐桓公率齐、鲁、宋等八国之师破蔡伐楚，目的是阻止楚军北进。在此次攻伐征战中，楚国用防御设施方城震慑了以齐国为首的联军，从而避免了一次战争。这说明长城在军事防御中确实起到

图1-3　齐长城遗址（汇图网提供）

　　齐长城遗址，始建于春秋时期，完成于战国时期，历时170多年筑成，迄今已有2600多年的历史，被誉为"长城之父"。

图1-4　秦长城遗址（贾志强·FOTOE提供）

　　秦长城遗址，"世界八大奇迹"之一，国家级重点文物保护单位。

了重要作用。楚国长城位于河南省，是利用陡峭的山岭、河流的堤防兼筑长墙，将列城连接成矩形防御体系来御敌的，古人基于它的形式和结构，又称其为方城。

　　随着晋国的崛起，齐桓公的霸主地位逐渐被取代，出于防御的需要，齐国也在自己的领地上修筑了长城。齐长城位于山东省境内，是利用济水的堤防再筑墙连接山脉而成，被称为"长城钜防"。（图1-3）

　　晋国称霸的时候，西部的秦国也逐渐强大起来。（图1-4）秦穆公企图向东面发展，争霸中原，由于受到晋国的阻挡，于是改为向西吞并了十几个小国，在函谷关以西一带称霸，史称"称霸西戎"。战国时期秦国修筑的长城位于陕西、宁夏以及甘肃等地区，分为与魏国接壤的"堑洛长城"和防御西北游牧民族袭扰的"边地长城"两部分。"堑"就是掘的意思，即削掘洛河河岸使之变成高崖以利防守。这段长城的修筑方法是筑墙与削掘崖岸相结合，所以史书上称之为"堑洛长城"。它是战国时期秦国修筑最早的一段长城。

战国时期魏国修筑的长城分为与秦地接壤的河西长城和与韩国交界的部分卷长城。(图1-5)

由于长城的防御作用显著，战国时期就连当时最小的中山国也修筑了长城。中山国是北方游牧民族与华夏民族杂处融合而建立的诸侯国。中山国长城位于河北省定州、石家庄地区，是为了防御强邻晋、赵的侵

图1-5　修复后的魏长城（汇图网提供）

图1-6 赵武灵王骑马雕塑（汇图网提供）

赵武灵王（前344—前295），嬴姓赵氏，名雍。生于赵国都城邯郸，政治家、改革家。

扰，在边界修筑的长城。

战国时期赵国的长城也有两道。其中一道是南长城，位于赵国南界，今河北与河南省交界的漳河北岸，建于赵肃侯在位时，又称赵肃侯长城，是用来防御魏国的。

赵肃侯是战国时期非常有名的国君，为了争霸中原，他采纳苏秦的合纵之策，打击强邻魏国，使魏国的霸业受到重创并削弱，失去了阻挡赵国南进的能力。在与魏、楚、燕、齐等诸侯国的连年交战中，赵肃侯一直处于上风，胜多败少，为赵国成为"战国七雄"之一奠定了基础。公元前326年，赵肃侯去世，由其15岁的儿子赵雍继位。（图1-6）魏国的惠王趁机联合楚、秦、燕、齐4个诸侯国以吊唁为名，各派精兵前往赵国，欲伺机报复并一举消灭赵国。赵武灵王在肥义等重臣的支持和帮助下，果断采取措施，除命令全境处于戒备状态，禁止吊唁的军队进入赵国外，还联合并促成韩、宋结盟，使得秦、魏、楚、齐处于两面或者三面受敌的不利局面。最后，魏国的联军不得不打消灭赵的念头。

赵武灵王是一位非常有作为的国君，继位之初面临着中原各国激烈争霸的局面，为此，他改变了其父赵肃侯逐鹿中原的南进战略，转而向北进军胡人地区，使赵国的疆土不断扩大，由河北延伸到山西乃至内蒙古地区，并于公元前301年修建了赵国北界的长城，此段长城位于内蒙古阴山、大青山一带。（图1-7）

中国历史上的典故"胡服骑射"就出在赵武灵王时期，记载的是赵武灵王向北进攻中山国，在与北方胡人的战斗中经大漠、过黄河、登山

图1-7　赵长城遗址（任中豪·CTPphoto·FOTOE提供）

图1-8 赵武灵王胡服骑射雕塑（汇图网提供）

　　"胡服骑射"是指战国时赵武灵王为了国家的强大，推行"胡服"、教练"骑射"的故事。

　　顶，深感宽袖长袍的不方便，于是与国相肥义商议让百姓学穿短衣胡服，学骑马与射箭。通过此次改革，赵国的战斗力有了很大提高，由一个弱国变成了强国，最终成为"战国七雄"之一。（图1-8）

　　赵武灵王的胡服骑射揭开了我国古代战争史上由车战转变为"骑射"的重要变革，也是中国历史上一次重要的服装改革，体现了古代各民族之间的交流与融合。

　　"战国七雄"之一的燕国，是周朝分封在北方的诸侯国。开国君主是周文王之子召公奭，燕国的都城是蓟，位于今北京市。燕国在春秋初年国力较弱，险些被山戎进扰亡国，多亏齐国的军事帮助才得以保全，

图1-9　燕国长城遗址（汇图网提供）

通辽市南部奈曼旗和库伦旗境内的燕长城。

并在日后燕昭王的统治下迅速发展壮大，最终成为"战国七雄"之一。

　　燕国的长城也有南北两条。根据景爱先生的说法，南长城出现在燕昭王以前，当时燕国屡遭邻国进扰，在燕易王时，甚至被齐国夺去了10座城。后来燕王哙时，齐国又利用燕国内部矛盾伐燕，并取得了重大胜利，为此燕国被迫修筑南长城用来防御齐国和赵国。这条长城是利用古易水的堤防与筑墙结合而成，所以当时多以"易水长城"连称。南界长城大约西起今河北省易县西北太行山麓，经易县南境，入徐水、安新北境至雄县东北折向南，经文安、大城西境，止于子牙河。（图1-9）

燕昭王时期，在乐毅等人的辅助下，国家日渐殷实，实力大大增强。随着国力的强大，疆域也大为拓展，最大疆域范围大致包括今天的北京、天津全部，河北、辽宁、山西、内蒙古、朝鲜的一部分。公元前284年，燕国打败齐国，收获齐国70余城。在伐齐战争取得决定性胜利的同时，昭王派燕将秦开袭破东胡，迫使东胡从燕国东北部后退千余里，燕国领土向东北扩展到辽东一带。

为抵御东胡、山戎等游牧民族的进扰，燕国在北方边界修建了界北长城。据《史记·匈奴列传》载："燕昭王有贤相秦开……归而袭破东胡，东胡却千余里。燕也筑长城，自造阳至襄平，达千余里，置上谷、渔阳、右北平、辽西、辽东五郡以拒胡。"造阳位于河北怀来盆地，与北京延庆地区相连，因此可以说燕长城是护卫北京最早的长城。但关于燕长城是否经过北京延庆的八达岭地区，目前学术界还没有定论。（图1-10）

战国时期的诸侯国长城，由于受领土的限制，多则上千里，少则几百里，再加上当时的长城都是修建在各自的领地上，因此，又被称为"腹地长城"或"先秦长城"。

图1-10　燕昭王壁画（汇图网提供）

燕昭王（前335—前279），本名姬职，战国时燕国第39任君主。

万里长城始于秦

万里长城出现于秦王朝。公元前221年，秦始皇灭掉六国，建立了中国历史上第一个中央集权制的封建国家。为了防止北方游牧民族进扰，秦始皇派大将蒙恬在原来燕、赵、秦三国北方长城的基础上，进行大规模修复、连接和增筑，筑起了一条西起甘肃临洮、东到辽东，绵延万余里的长城。自此，中国历史上有了第一道万里长城。

由于秦始皇修建了中国历史上的第一道万里长城，因此后世的人一直以来总把长城与秦始皇联系在一起，甚至有些人一看长城，就会随口说出是秦始皇修建的，说明秦始皇与长城在人们的心目中早已成为不可分割的整体。

秦始皇（前259—前210），嬴姓，赵氏，名政，出生于赵国都城邯郸，秦庄襄王之子。(图1-11) 公元前230年至公元前221年，他先后灭韩、赵、魏、楚、燕、齐六国，完成统一中国的大业，建立起一个以汉族为主体统一的中央集权的强大国家——秦朝。他是中国历史上第一个使用"皇帝"称号的君主，自称"始皇帝"，以后称秦二世、三世，以至万年。秦始皇在中央实行三公九卿制，管理国家大事；地方上废除分封

图1-11　秦始皇雕像（汇图网提供）

　　秦始皇（前259—前210），嬴姓，赵氏，名政，又名赵正（政）、秦政，著名的政治家、战略家、改革家，也是中国第一个称皇帝的君主。

制，代以郡县制；对外北击匈奴，南征百越，修筑万里长城，修筑灵渠，沟通水系，被誉为"千古一帝"。秦始皇统一六国之际，活跃在北方草原的匈奴乘机南下，侵占原属赵国的河南地（今内蒙古河套地区以南），对秦国构成严重威胁。始皇三十年（前217年），即秦统一六国后的第五年，为解除北方边患，秦始皇开始了北逐匈奴、修筑万里长城的大业。据《史记·蒙恬列传》记载："秦已并天下，乃使蒙恬将三十万众，北逐戎狄，收河南，筑长城，因地形，用险制塞，起临洮，至辽东，延袤万余里。"说的是秦王朝统一后，北方依然面临着匈奴的进扰，于是秦始皇就派大将蒙恬带领30万大军，一面剿灭匈奴收复河套以南的失地，同时大规模地修筑长城，形成了一道西起临洮、东到辽东，横贯秦帝国整个北部边地的万里长城。

秦长城是利用战国时期秦、赵、燕三国北方边地长城，加以修缮、连接和增筑而成的。因此，在原属燕国之地的北京延庆的八达岭地区建有居庸关。相传秦始皇修筑长城时，将囚犯、士卒和强征来的民夫徙居于此，后取"徙居庸徒"之意，故名居庸关。居，是居息；庸，是庸徒，亦即囚犯，意思是"居留囚犯"之地。当时为了修筑北方的长城把大量的流放犯人从中原等地押送到这里交付给官府统一管理调配，再根据需要将这些犯人分别押送到其他的地方去筑城。（图1-12）

图1-12　居庸关长城瓮城（汇图网提供）

居庸关长城位于昌平区以北20千米的峡谷中，是京北长城沿线上的著名古关城，国家级文物保护单位。

图1-13　关沟远景（全景网提供）

　　汉朝时期曾在北京延庆地区设有居庸县。随着历史的变迁，出于军事防御的需要，原本位于八达岭附近的居庸关不断南移，直到明朝的景泰年间，居庸关的关城建在了现在的位置，并一直保留至今。现在的居庸关属于北京昌平区。历史上因居庸关之名，古人还将居庸关所在的这条从南口到八达岭的狭长沟谷称为"关沟"。（图1-13）

　　另外，人们日常画画和练书法所使用的毛笔，据说也是秦朝大将蒙恬奉命在北方修筑长城时改良的。（图1-14）

　　蒙恬的蒙氏家族是秦朝的世家，家中三代为秦朝重臣，并建立过赫赫战功。爷爷蒙骜是齐国人，在秦昭王时官拜上卿，为秦国掠地扩疆，戎马倥偬，辛苦一生。父亲蒙武，也曾是秦始皇初期的一代名将。蒙恬

15

《九边图》里的秘密

　　《九边图》于明代嘉靖十三年（1534年）由许论绘制，是当时重要的边关地图。全图分为9个部分，按自右（东）向左（西）的顺序，用青绿重彩平立而形象的画法，描绘了明代辽东、蓟州、宣府、大同、太原、榆林、宁夏、固原、甘肃九边镇所辖区域内长城的山河形胜，府、州、县治及沿边卫、所、营、堡、驿城的分布。第一、二幅为辽东镇，第三、四、五幅为蓟州镇和宣府镇，其中第四幅宣府镇图下部京师地区残缺，第六、七、八幅为太原镇、大同镇，第九、十幅为榆林镇、固原镇、宁夏镇，第十一、十二幅为甘肃镇。《九边图》是首次以整幅地图的形式，展示明代长城九镇防御体系的全貌，对指导明军作战具有重要的作用。(图2-1)

　　明朝自建立之初就开始修筑长城加强防御，最终建成了一道东起辽宁鸭绿江，西到甘肃嘉峪关的万里长城。公元1368年，朱元璋推翻元朝政权，统一了全国。一部分蒙古族人留在中原，从事农业生产；另一部分蒙古贵族退入漠北，与原居住在草原上的游牧部落一起，继续与明王朝进行对抗。明中叶，游牧于北方的兀良哈、鞑靼、瓦剌等蒙古部落壮大，明后期东北的女真族不断强大，这些部族向南进犯，对明王朝始终

图1-14　蒙恬雕像（汇图网提供）

　　蒙恬（前259—前210），姬姓，蒙氏，名恬，秦朝著名将领。

是第三代，由于蒙恬聪明好学，并表现出非凡的才能，所以一直得到秦始皇嬴政的重用。先是封其为将军，派他攻齐，大获成功。秦统一后，又派蒙恬率30万大军北逐匈奴，收复河套以南失地，修筑万里长城，而且一直作为镇边重将，驻扎在陕北高原的上郡。作为边疆将领，他不仅要守护好边境的安全，更要随时向朝廷汇报军情以及修筑长城的进展情况。

　　当时汇报军情都是用刀将情况刻在竹简上，不仅费时费力，而且由于竹简笨拙，也容易出错，贻误战机。因此，他就萌生了寻找一种新的书写用具的想法。

　　后来他从猎人用短棍一端绑着一撮羊毛彩绘狐狸皮画中受到启发，又从松脂粘头发的现象中找到灵感，利用动物的毛，主要是山羊毛和黄鼠狼毛，用松脂将其一端粘连并绑紧之后固定在短木棍的一端，蘸墨或者涂料来写字和画画。这样一来书写画画的毛笔就被改良问世了。现代人使用的毛笔有"羊毫"和"狼毫"之分。羊毫是以山羊毛为材料，毛短且粗软。狼毫是以黄鼠狼的毛为材料，毛尖且细长。

为了纪念这位毛笔改良者，浙江湖州市的善琏镇还特意修建了蒙公祠。

纵观长城的历史，秦长城创造了人类建筑史上的奇迹。秦朝修筑长城采用的"因地形，用险制塞"的原则，一直被后世所遵循。其意思是当长城修到险峻之处或大河之边时，就不再用砖石垒砌长城了，凭峻岭和河流来防御。但同时也应看到，由于工程浩大，修筑长城给百姓造成的灾难也是深重的，累死病死的人不计其数。人们非常熟悉的《孟姜女哭长城》的故事，讲的是一个叫万喜良的后生在新婚之夜就被抓去修长城，一走便没有了音信。其妻孟姜女千里寻夫送寒衣，来到工地，得知丈夫早已不在人世，她痛哭了三天三夜，哭塌了掩埋万喜良的一段长城，露出了万喜良的尸体，悲痛欲绝的她最后选择了跳河而死。这虽然是一个传说故事，却真实地反映了秦筑长城给百姓带来的灾难。

司马迁在《史记》中就秦始皇筑长城之事，曾一针见血地指出："固轻百姓力矣。"秦始皇不爱惜民力，大肆修筑长城，激起了百姓的反抗，激发了陈胜吴广起义，最后导致秦朝灭亡。这个教训十分深刻，对后世的帝王产生了很大影响。

明长城遵循了秦朝"因地形，用险制塞"的原则，但明朝称长城为边墙，而不称长城，这其中有着深刻的政治原因。按照景爱先生的观点，明代的长城是今人的称呼，在明代当时并不称长城，而是称为边墙。其原因是明太祖朱元璋是农民起义领袖，他对百姓仇视秦始皇修建长城的思想情绪非常了解，因此他避讳了"长城"二字，而将其称为边墙。

　　长城在中国历经两千多年的历史，先后有20多个诸侯国和封建王朝都修建过长城，但中国各朝各代在修筑长城和记载长城时所使用的名称多有不同，有的将长城称为方城、长堑、塞等。据董耀会先生讲：方城，只在春秋时楚国用过。堑、长堑、城堑、墙堑，这几种称谓基本上相互通用，从战国时期直到明代几乎全都使用过。塞、塞垣、塞围，在史书中出现很多，一般情况有两种意义，一是表示关口要隘，二是表示长城。长城塞、长城亭障、长城障塞，这些称谓在史书当中很常见。壕堑、界壕是长城建筑的一种形式，而界壕则是金代长城的专用词。边墙、边垣，主要是明朝的称谓。中国古代，多将中原各地与少数民族之间的地域称为边地，明代则将在这一地域修筑的长城称为边墙或边垣。

　　秦长城是中国历史上的第一道万里长城，它不仅创造了人类建筑史上的奇迹，而且客观上还起到了防止匈奴南侵、保护中原经济文化发展的积极作用。因此，孙中山先生在《建国方略》中评价说："中国最有名之陆地工程者，万里长城也。……工程之大，古无其匹，为世界独一之奇观。……秦始皇虽以一世之雄，并吞六国，统一中原……为一劳永逸之计，莫善于设长城以御之。始皇虽无道，而长城之有功于后世，实与大禹之治水等。"孙先生认为秦始皇最大的功绩是统一了中原地区，为了长治久安而修建的长城工程，可与大禹治水媲美。

顺天府长城护北京

顺天府指的是明朝时期的北京及周边地区。洪武三年（1370年），太祖四子朱棣受封燕王。洪武十三年（1380年），燕王在自己的领地北平（洪武元年，徐达攻克元大都，受命把大都改称北平）设立王府，俗称燕京。徐达死后，华北边防部队多由燕王节制，北平也就成为明朝北部边防的中心。

明成祖朱棣（图1-15）以"靖难之役"夺取了其侄子建文帝的皇位后，礼部尚书李至刚等奏请：燕京北平是皇帝"龙

图1-15　明成祖朱棣塑像（汇图网提供）

明成祖朱棣（1360—1424），明朝第三位皇帝，年号永乐，故后人称其为永乐帝、永乐大帝等。

19

兴之地"，应当效仿明太祖对凤阳的做法，立为陪都。于是明成祖大力擢升燕京北平府的地位，以北平为北京，改北平府为顺天府，称为"行在"，至此北平又有了顺天府的称谓，意思是顺应天意，即燕王朱棣取代建文帝做皇上是顺应天的意思。

顺天府长城指的是明朝北京及其周边的部分长城，其主要职责是护卫京师和皇陵。

2009年国家文物局公布全国明长城总长度为8851.8千米，从东向西行经辽宁、河北、天津、北京、山西、内蒙古、陕西、宁夏、甘肃、青海10个省（自治区、直辖市）的156个县域。其中北京段的总长度约为573千米。

北京地区明代修建的长城横跨北京北部山区，从山海关过来的长城，由平谷区将军关附近进入市界，依次经过密云区、怀柔区、昌平区、延庆区和门头沟区，呈半环形分布。它拱卫京师与皇陵，是中国长城的精华地段。北京地区长城总的走向主要是由东西向、北向两个体系组成，二者在怀柔区旧水坑西南分水岭上汇合，连接成为一个整体。此接合点被称为"北京结"点。（图1-16）（图1-17）

图1-16　"北京结"说明碑（郑严摄）

目前能涉及"北京长城文化带"建设的就是

图1-17　长城"北京结"点，怀柔区旧水坑西南分水岭（郑严摄）

以上长城所经过的6个行政区域。

北京地区最早的长城是春秋战国时期的燕长城。秦统一后的长城利用了燕长城的旧址。

北魏、北齐曾在北京地区大规模修筑长城。北魏的"畿上塞围"，东起上谷，西至黄河岸。有的学者认为这里的上谷就是八达岭一带。

北齐天保六年（555年）、八年（557年）修筑的长城，西起黄河，经上谷东去，延长到海边。

隋文帝为了防御突厥人的进扰，在即位之初曾多次在北方修筑长城，"其走向与北魏'畿上塞围'、北齐天保长城是一致的，隋文帝是在沿用北魏、北齐长城基础上又进行了必要的修缮而已"。

明长城的东段大多是在北齐和隋长城的基础上修筑的，同时根据需

21

图1-18　居庸关长城（郑严摄）

要或改线或增筑，保存至今仍然完好的大部分都是明长城。

明王朝在270多年的统治期内，就有18次大规模的长城修筑。明朝是中国历史上修建长城时间最久、规模最大、设施最完善、建筑形制最丰富的时期。为了加强京师和皇陵的防御，明王朝在北京西北的延庆地区还修建了多道长城，其建造方式不仅有砖石混筑，也有黄土夯筑，还有用毛石垒砌。特别是在从西北通往北京的关沟要道上，修建了八达岭、上关、居庸关和南口关4道防线，构成了一个完整的居庸关军事防御体系。（图1-18）

图1-19　八达岭长城远景（汪晓峰摄）

　　八达岭长城位于北京市延庆区军都山关沟古道北口。

　　居庸关位于北京昌平区，现存关城始建于明洪武元年（1368年），系大将军徐达、副将军常遇春规划创建，明景泰初年（1450—1454年）及其后又屡经修建。城垣东达翠屏山脊，西驶金柜山巅，周长4000余米，南北月城及城楼、敌楼等配套设施齐备。居庸关关城建制完备。其关沟防御体系自北而南由岔道城、八达岭长城（图1-19）、上关、居庸关、南口5道防线组成，而居庸关则是指挥中心，负责关城守御的是隆庆卫，配有盔、甲、长枪、弓、箭等军械和火器。关城内还设有衙署、仓储、书馆、神机库、庙宇、儒学、表忠祠等各种相关设施。

历史上，居庸关在保卫京师的军事战争中确实发挥过重要作用。

正统四年（1439年），瓦剌部首领也先嗣位，随即东征西战扩张势力，至正统十二年（1447年）已统一蒙古各部，拥有东起辽东，西至新疆的广大地区。之后，也先图谋东犯，率兵征服兀良哈三卫，又联络女真各部，袭扰明东北部地区。正统十四年（1449年），也先以明廷侮辱贡使、拒绝联姻为由，兵分四路大举攻明。一时间，明北部边塞各地烽火迭起，边报频传，英宗朱祁镇闻报大为震惊，在宦官王振的极力怂恿下，决定亲征。

八月，明英宗率50万大军在土木堡（今河北怀水县东）被蒙古瓦剌军围歼，京军精锐丧失殆尽，英宗朱祁镇被俘，这就是历史上的"土木堡之变"。瓦剌军首领也先获胜后，欲乘胜夺取京师都城。

也先施展"挟天子以令诸侯"的诡计，挟持英宗先后至宣府和大同，逼迫英宗下令开门，都被守城将领拒绝。

也先见诱降不成，于是决定武力攻关，直取京师都城。瓦剌军兵分三路大举攻明，其中，2万人由东面进攻古北口，另5万人由正面进攻居庸关，吸引明军，也先亲自率主力10万人，挟持英宗，经大同，攻破紫荆关迂回攻取京师。也先原以为明军不堪一击，京师旦夕可陷。没承想守城将士在主战派于谦等的带领下，团结京郊民众共同抗击瓦剌军，使瓦剌军四面受敌。5天的激战中，明军屡获胜利，士气旺盛。瓦剌军屡败，士气低落。也先闻居庸关之中路军受挫，惧怕久攻不下，逃无归路，遂下令乘夜撤退。明京师得以解围。这就是历史上著名的"北京保卫战"。

再说进攻居庸关的中路5万瓦剌军，当大军抵达关城下，也受到了明军的顽强抗击。守将罗通利用骤寒的天气，命令士兵向城墙上浇水，城墙结冰后光滑无比，瓦剌军难以攀登。瓦剌军围困7日后，仍未攻破明军防守，人困马乏，死伤惨重，遂退去。此战，明居庸关守军利用天时地利，顽强抗击，积极出击，粉碎了也先军正面攻关、翼侧迂回、夹击京师的企图。

居庸关保卫战的指挥官罗通，字学古，江西吉水人，正统十四年（1449年）以右副都御史的官职奉命镇守居庸关。因居庸关保卫战的功绩，被晋升为右都御史加太子太保，并得到皇帝的敕奖。弘治年间耆老潘昭明疏请立祠以表彰罗通的忠诚。表忠祠内正殿是罗通和夫人像，两侧为侍卫。祠堂现在对外开放，接待中外游人凭吊。

"北京保卫战"以明军的胜利、也先的瓦剌军失败而结束。特别是于谦临危受命，率领明朝军民打败了瓦剌军大规模的武装进攻，保住了京师，使明朝在军事上转危为安。他的名字也与"北京保卫战"一起被载入史册。于谦不仅足智多谋，而且为官清廉。他为官35年，一直兢兢业业，不贪私利。当时，官场腐败，贿赂公行。尤其是英宗即位后太监王振把持朝政，勾结内外贪官污吏，收受贿赂，如果大臣们进京面圣，必须馈送重金厚礼。然而于谦一身正气，从不随波逐流。他每次进京，只带随身行装。他的亲朋好友怕他遭人算计，就劝他说："你不带金银也罢，总该带点土特产品送一送啊！"他举起袖子笑着说："你们看我这儿不是有两袖清风吗？"由此印证了他"粉身碎骨浑不怕，要留清白在人间"的高尚品格。

景泰元年（1450年），也先由于政治诱降落空，军事进攻失败，无奈释放英宗回明。

从历史上看，长城在军事战斗中发挥了重要的防御作用，但尽管如此，最终也未能阻止明王朝灭亡。公元1644年，李自成的起义军攻入北京，明思宗朱由检自缢于煤山（今景山），明朝灭亡。

京畿屏障

北京长城历史与文化

2

纵横万里——为和平

都是极大的威胁。为了加强防范，朝廷一方面增加兵力，另一方面加紧增筑长城。明初期沿长城一线的险要地段建立了辽东、宣府、大同、榆林4个军事重镇。之后又增设了蓟州、太原、宁夏、固原、甘肃5个军事重镇，合起来称为"九镇"或"九边"。当时镇守在北方各镇的官员，在行政管理上和军事部署时都需用地图，于是边镇地图陆续问世。起初这些军用地图采用书本形式，附有大量文字说明记述图上未能反映的内容。后来朝廷要求各镇、堡、关隘分别编绘本地区的地图定期上报，以备朝廷查阅。许论作为嘉靖五年（1526年）的进士，青少年时常常随父

图2-1 《九边图》大同段（文化传播·FOTOE提供）

《九边图》，明代嘉靖十三年（1534年）许论绘制。"九边"为辽东、蓟州、宣府、大同、太原、榆林、宁夏、固原、甘肃。

亲巡历边境各地，深知各关隘要道的地理形势，后又在兵部任职。他根据自己所掌握的边防情况，参考历史文献、档案资料并结合当时的形势，著成《边论》九篇，并辅绘一图，名为《九边图》，合称《九边图论》，并上献朝廷。朝廷将《九边图》下发到边关驻军留存，许论也受到了嘉靖皇帝的赞赏，被升任为南京大理寺丞。据记载，《九边图》下发后，蒙古骑兵1000多人先后劫扰黄崖口、大木谷等地时，都被明军击退，许论因此功被晋升。后来蒙古贵族俺答汗率部直犯都城，许论受命巡抚山西，因守边有功，又被晋升。

从《九边图》中人们可以了解到，在九镇中，为了便于管理，又将每镇的长城分为若干个路、卫、所、关等，由于军事级别不同，被称为镇城、路城、卫城、所城、关城。镇城的最高将领是总兵，其下依次为副总兵、参将、游击将军、守备、把总等。路城由参将分守，卫城由游击将军等中级武官守备，所城的长官为把总等中下级武官。

总兵在明朝初期属于临时任命的统帅级高官，主要是执行大规模的征讨等军事任务。到明朝中期，总兵成为九镇中最高级别的军事将领，指挥本镇所辖长城沿线的兵马，平时守卫本镇的长城，有警时受总督的指挥，救援其他镇的防务。每镇兵马多者8~9万，少者1~2万，一般的是3万左右。

隆庆年间，戚继光曾任蓟镇总兵，蓟镇包括北京地区的平谷、密云以及怀柔。杨四畏任昌镇总兵，昌镇包括北京地区的延庆和昌平。

明代"九边"源于明太祖朱元璋的分封制。洪武三年（1370年），朱元璋为确保明王朝的长治久安，想方设法加强皇室本身的力量，其具体的办法就是分封诸王。他把宗室25人（24个儿子和1个重孙）封为藩王，分驻北部边境和全国各战略要地，想通过他们来屏藩皇室。朱元璋认为："天下之大，必建藩屏，上卫国家，下安生民，今诸子既长，宜各有爵封，分镇诸国。"当时分封的藩王主要有两类，一是腹里，指中原内地；二是边塞要地。受封诸王在自己的封地建立王府，设置官属，地位相当高，公侯大臣进见亲王都得伏而拜谒。

朱元璋曾规定凡受封诸王必须离开京城，到封地就藩，且不允许各亲王之间相互往来，即使入朝，也不能同时前来，必须一王离京，另一王才可启程。朱元璋此举的目的在于避免诸王相互串联，与中央相对抗。所以，诸王就藩可以说是"生离死别"。但朱元璋的良苦用心，却未能收到预期的效果。

明朝初年，每一个藩王食粮万石，并有军事指挥权，于王府设亲王护卫指挥使司，辖军三护卫。护卫甲士少者3000人，多者1.9万人。9位塞王（辽、宁、燕、谷、代、晋、秦、庆、肃）因有防御蒙古族进扰的重任，所以护卫甲士尤其多。北平的第四子燕王朱棣拥兵10万，大宁的第十七子宁王朱权"带甲八万，革车六千"。他们在边塞负责筑城屯田、训练将兵、巡视要害、督造军器。晋王、燕王多次出塞征战，打败元朝残余势力，尤被重视，军中大将皆受其节制，甚至特诏二王军中小事自断，大事才向朝廷报告。尤其是燕王，由于功绩卓著，朱元璋令其"节制沿边士马"，地位独尊。

后来长城中"九边"的防御范围，大多基于辽王、宁王、燕王、谷王、代王、晋王、秦王、庆王、肃王九位塞王的封地。

中国古建筑学家罗哲文先生在《罗哲文长城文集》一书中记载：

辽东镇，管辖的长城东起丹东附近的鸭绿江边，西至山海关，全长970余千米，全镇官兵99875名。

蓟镇总兵驻三屯营（今河北迁西），所辖的长城东起山海关，西至慕田峪（今北京怀柔），全长880余千米，全镇官兵107813人。

宣府镇，管辖的长城东起居庸关，西至西洋河（今山西大同东北），全长510余千米，全镇官兵多时达151752人。

大同镇，管辖的长城东起镇口台（今山西天镇东北），西至鸦角山（今山西偏关东北），全长335千米，全镇官兵多时达135778名。

太原镇也称山西镇，管辖的长城西起保德、河曲的黄河岸边，从偏关、老营堡、宁武关、雁门关、平型关、龙泉关、固关而达黄榆岭，全长百余千米，此镇在大同、宣府两镇的长城之内，这一线的长城被称为内长城，并多石墙，有些地方的石墙坚固非凡。全镇官兵多时达57611名。

延绥镇也称榆林镇，管辖的长城东起黄甫川（今陕西府谷），西至花马池（今宁夏盐池县），全长约885千米，全镇官兵80196名。

宁夏镇，管辖的长城东起大盐池（近宁夏盐池县），西至兰州，全长约1000千米，全镇官兵多时达71693人。

固原镇，管辖的长城东起靖边与榆林镇长城相接，西至皋兰与甘肃镇相接，全长约500千米，全镇官兵多时达126919人。

甘肃镇，管辖的长城东起兰县（今兰州），西至嘉峪关祁连山下，全长约800千米，全镇官兵91571人。

九边共设防兵力92万余人。

嘉靖时期，为了加强对京师和帝陵（今北京十三陵）的防务，于嘉靖三十年（1551年）又增设了昌镇和真保镇。昌镇管辖的长城东起慕田峪，西至紫荆关，全长230千米，全镇官兵19039人；真保镇管辖的长城北起紫荆关，南至故关，全长390千米，全镇官兵34697人。

不难看出，明王朝为了加强边防和京防动用了近百万的兵力。所以，《九边图》里不仅有各镇的地貌山川、建置、卫所以及长城关塞等内容，更重要的是还布防上百万的兵力，守卫明朝的边防，这才是《九边图》里的全部秘密。

天子"戍边"

明朝是推翻元朝统治建立的政权。为了边境的安全，早在建朝之初，朱元璋就派大将徐达等主持北方边务，修关筑城，派兵驻守。后来为了防御的需要又将长城划分为九镇进行防守，派总兵负责镇区的日常军务。同时为了战时部队协调调动的需要，又增设了总督，总督不仅监督总兵的行为，而且还有权调动督区内的部队。朱棣称帝以后，把明王朝的京城从南京迁到了北京，遇有战事发生，天子如同亲临前线，所以，人们把这种天子坐镇北方、镇守疆土的方式称为天子"戍边"。明朝从永乐帝到崇祯帝，先后有14位皇帝"戍边"。

天子戍边与明成祖迁都北京有直接的关系。

公元1403年，燕王朱棣以"靖难之役"夺取了皇位。（图2-2）他的夺权，不仅遭到儒生们的抵制，而且还遭到很多官员的反抗，这使得登基后的永乐帝陷入了极度的恐慌中，甚至有时在白天也会做噩梦。

景清就是反抗的官员之一。他曾是建文帝比较信任的官员，在建文帝时期被派往北平任参议，负责监督燕王府的行动。燕王见他言论明爽，举止清雅，有意拉拢他，还宴请过景清。朱棣攻占南京、夺取皇位后，让景清官复原职。然而景清却利用八月十五早朝，怀揣利刃，刺杀永乐帝，没有成功，最后被施剥皮之刑，并戴枷锁系于长安门。据说，有一次朱棣的御驾经过长安门时，捆绑景清尸体的绳索忽断，惊了圣驾，吓得永乐帝赶紧命人把景清的尸体焚烧掉。

从此以后，永乐帝经常梦见有人围绕御座追杀他。久而久之，永

图2-2　燕王朱棣画像（汇图网提供）

乐帝觉得自己在南京杀人太多、阴气重，确实不宜久留，于是决定将都城从南京北迁至自己的"龙兴之地"北平。

永乐元年（1403年），朱棣下诏以北平为北京。永乐七年（1409年）他还下令在北京修建自己的陵寝——长陵。永乐十八年（1420年），北京的宫殿建成。永乐十九年（1421年）正月初一日，永乐帝以北京为京师，正式迁都北京，并举行庆贺大典。永乐帝的长陵，位于北京昌平区天寿山南麓的明十三陵，距京城约50千米，总面积120多平方千米。自永乐七年（1409年）五月始建长陵，到明朝最后的崇祯皇帝葬入思陵为止，其间230多年，明王朝先后在昌平天寿山修建了13座金碧辉煌的帝王陵墓、7座妃子墓、1座太监墓，共埋葬了13位皇帝、23位皇后、2

图2-3　明长陵（汪晓峰摄）

明十三陵之首，是明成祖朱棣和皇后徐氏的合葬墓。

位太子、30余名妃嫔、1位太监，是当今世界上保存完整、埋葬皇帝最多的墓葬群。（图2-3）

明王朝历经270余年，共有16位皇帝执政，其中13位皇帝葬在了北京昌平的天寿山，后人称之为"明十三陵"。

明朝开国皇帝朱元璋，建都南京，死后葬于南京钟山之阳，称"明孝陵"。第二帝朱允炆（建文帝）因其叔父朱棣以"靖难"（为皇帝解除危难）为名发兵打到南京而不知所终，所以没有陵墓。第七位皇帝朱祁钰，因其兄英宗皇帝被瓦剌所俘，宫中无主，在太后和大臣的旨意下即帝位，历史上称其为代宗。他上台后安定了朝野，粉碎了瓦剌企图利

图2-4 明十三陵（汪晓峰摄）

　　建于1409年至1645年，陵区占地面积达40平方千米，是中国乃至世界现存规模最大、帝后陵寝最多的一处皇陵建筑群。

用俘获的英宗进行政治讹诈、骗占京城的阴谋。他起用于谦为兵部尚书，积极组织北京保卫战，击退瓦剌大军，维持了明朝的统治。后来英宗被放回，经"夺门之变"，英宗又复辟了皇帝位，重新坐上了皇位。英宗不仅害死了朱祁钰，而且也不承认他是皇帝，最后以"王"的身份将朱祁钰葬在了北京西郊玉泉山。朱祁钰是明朝迁都北京之后，唯一一个没有入葬十三陵的皇帝。（图2-4）

　　十三陵建造的顺序依次为长陵、献陵、景陵、裕陵、茂陵、泰陵、康陵、永陵、昭陵、定陵（图2-5）、庆陵、德陵、思陵，其中最著名的要数长陵和定陵。长陵建成于明永乐十一年（1413年），是明朝第三帝朱

图2-5　明定陵（汪晓峰摄）

　　明定陵是明代第十三帝神宗显皇帝朱翊钧（年号万历）的陵墓。坐落在大峪山下，位于长陵西南方，建于1584年至1590年。

棣的陵墓，也是十三陵中最早和最大的一座。

　　朱棣即帝位后，为维护多民族国家的统一，采取了一系列积极有效的措施。他对北方各蒙古部落采用攻防结合的政策，于永乐八年至二十二年（1410—1424年），先后5次率军深入漠北大举进攻蒙古诸部，并死在第五次征漠北的途中。在第二次远征漠北回来的途中，他曾驻跸北京延庆区的团山，他看到当时的延庆地区不仅地理位置重要，而且土地肥沃，于是下令在此筹建隆庆州。永乐帝是第一位"戍边"的天子，非常重视长城的军事防御，不仅在原来长城的基础上修筑增建了许多烟墩、烽燧、关城和壕堑，还设立了九镇中的辽东、宣府、大同、榆林4个重镇。为了加强西北通往京城的防御，改居庸关守御千户所为隆庆卫指挥使司，下设5个千户所，兵力增加了5倍。永乐二年

（1404年），又在居庸关增设隆庆左卫和隆庆右卫，左、右卫下也各设5个千户所。这些卫的治所都在居庸关，以确保京师北面的安全。

景陵是宣德帝朱瞻基的陵寝，他是明朝的第五代皇帝，幼年时就得到其祖父朱棣的喜爱，曾数次随祖父朱棣征讨蒙古。（图2-6）

朱瞻基当上皇帝后重视边境军务，为了表示对军事的关心，提高军队士气，他还在北京郊外举行过一次公开的军事检阅。他同时还规定京师在训的部队定期随御驾巡视北方边境和进行大规模的狩猎活动。据记载，宣德三年（1428年），蒙古兀良哈率领万名铁骑骚扰边疆，朱瞻基亲率铁骑兵三千飞奔前往，大获全胜。宣德五年（1430年）和宣德九年（1434年），宣德皇帝曾两次巡边经居庸关八达岭驻跸岔道城。朱瞻基在位的10年里，北方边境相对比较平静。由于朱瞻基与其父亲统治时期政治清明，因而百姓安居乐业，经济得到空前的发展，史学家称之为"仁宣之治"。此外，宣德时期的宣德炉享誉海内外。

宣德炉是中国历史上第一次运用黄铜铸成的铜器。除铜之外，还有金、银等贵重材料加

图2-6　宣德帝朱瞻基画像（宝盖头·FOTOE提供）

朱瞻基（1398—1435），即明宣宗，明朝第五位皇帝。

图2-7　宣德炉（汇图网提供）

　　明宣宗朱瞻基在大明宣德三年（1428年）参与设计监造的铜香炉，简称"宣炉"。它是中国历史上第一次运用风磨铜铸成的铜器。

入，炉料要经过12次提炼，因此炉质更加纯细，宛如婴儿的皮肤。不仅如此，有人认为宣德炉最妙在色，其色内融，从黯淡中发奇光。据史料记载，此炉有40多种色泽，因此为世人钟爱。（图2-7）

　　明定陵是明代第十三帝万历皇帝朱翊钧的陵墓，这里还葬有他的两个皇后。它是十三陵中唯一一座被发掘了的陵墓。如今定陵地宫可供游人参观。

　　朱翊钧是明代历史上在位最久的皇帝，长达48年之久。万历皇帝在位期间，前10年奋发图强，中间10年由勤变懒，最后近30年"万事不理"，被称作"几十年不上朝的皇帝"。（图2-8）

万历时期，先后在明朝西北、西南边疆和朝鲜展开过3次大规模军事行动，分别为李如松（李成梁长子）平定哱拜叛变的宁夏之役，李如松、麻贵抗击日本丰臣秀吉政权入侵的朝鲜之役，以及李化龙平定苗疆土司杨应龙叛变的播州之役。这三场大战巩固了中华疆土，维护了明朝在东亚的主导地位。但是这三场战争也严重消耗了明朝的财

图2-8　万历帝朱翊钧画像（汇图网提供）

朱翊钧（1563—1620），即明神宗，明朝第十三位皇帝，明穆宗朱载垕第三子，是明朝在位时间最长的皇帝。

力，据粗略统计三场战争的军事开支高达1160余万两白银。

十三陵中的永陵葬的是万历皇帝的爷爷嘉靖帝朱厚熜（图2-9），昭陵葬的是万历帝的父亲隆庆帝朱载垕。祖孙三代统治近百年，正值明王朝的中后期，内忧外患，长城的修建达到了登峰造极的程度。目前，北京北部山区平谷、密云、怀柔、昌平、延庆和门头沟6个区现存的且保存较好的长城，基本上都是这一时期修建的。

特别是嘉靖时期，朝廷面临"南倭北虏"两大问题，即东南沿海一带倭寇的进扰和北部边境鞑靼骑兵的袭扰。据相关资料记载，从嘉靖二十七年至四十二年（1548—1563年）的16年间，已经归顺的蒙古朵颜卫首领影克勾结鞑靼，俺答汗八次进犯延庆地区、三逼京师，给明王

图2-9　嘉靖帝朱厚熜画像（宝盖头·FOTOE提供）

朱厚熜（1507—1567），兴献王朱祐杬之子，明朝第十一位皇帝，1521至1566年在位，年号嘉靖。

朝的北部边防带来了巨大的压力，促使北京地区的长城大规模地修建、改线或重建。

北京西北延庆区的八达岭关城在嘉靖十八年（1539年）重新修复，其东门被当时的御史陈豪命名为"居庸外镇"。（图2-10）

嘉靖三十年（1551年），重修八达岭关城西北1.5千米的岔道城。

嘉靖帝晚年迷信方士，崇尚道教，不但将道教作为精神支柱，而且还教作为治国的依据。因此使得宦官严嵩专政，造成兵备废弛，蒙古鞑靼贵族乘机大举入掠京畿。

嘉靖四十五年（1566年），嘉靖帝驾崩，裕王朱载垕即位，史称隆庆。隆庆帝一上台，就任用了当时有名的将领戍边。他启用抗倭名将戚继光为都督同知，总管京城门户防卫与东北边防，戚继光在谭纶等的大力支持下带领蓟镇的守城士兵修建了空心敌楼，极大地提高了明军守城的战斗力。（图2-11）

隆庆五年（1571年），明朝廷与蒙古鞑靼签署了通贡、互市的协议，并册封俺答汗为王。明朝与蒙古两百年来的相互征战，此时告一段

图2-10　八达岭长城"居庸外镇"匾额（卢子彤摄）

　　八达岭长城关城东边城门上的匾额，意为居庸关外又一重镇。

图2-11　长城空心敌楼模型（汪晓峰摄）

落，从此以后，草原上的硝烟少了很多，两个民族之间几乎再没有发生过大规模的征伐事件。

明朝末年，政治腐败，国库空虚，农民起义频繁。公元1644年，李自成攻入北京，明朝灭亡，从此终结了天子"戍边"的历史。

侦察情报的"夜不收"

军事情报是出于军事斗争的需要而搜集的敌对国家、集团和战区的有关情况并对其研究判断的成果。它是制定战略方针和指挥作战的重要依据。

中国春秋战国及以后的历代兵家，在所著兵书中对军事情报的作用、内容、搜集、判断均有精辟论述。特别是《孙子兵法》中强调的"知彼知己，百战不殆"，可以说是家喻户晓，人尽皆知，说明军事情报在战争的胜负中起着决定性作用。

据有关资料记载，中国汉朝把军队中侦察情况的士兵称为斥候，唐宋时期称为探马、探子，明代则称为"夜不收"。

明朝为了边境地区的安宁，修筑了长城用来防御，同时为了防止游牧骑兵的偷袭和进扰还派驻部队进行防守。驻守的士兵除戍守长城外，还要修筑城墙和侦察情报等，以备战时之需。为此，产生了侦察军事情报的"夜不收"。夜不收的任务艰巨且危险性大，所以，在挑选人选时，往往要求担任此差事的人有胆有识，而且腿脚好，善于走路，必须耳聪目明，培训后再将他们分到各个营队，以便分头侦察敌情。如果情报准确，秋防期结束后给予重赏。

明代的夜不收侦察情报时，分为远程和边境附近两种。远程侦察时，需要深入到敌人的心腹地区，还要长期潜伏，相当于现代人们说的特务。为了能够获取全面而且准确的情报，为了避免引起敌人的怀疑，他们不仅要携带金钱礼物，还必须打扮成蒙古族人的模样，穿蒙古族的服装，讲蒙古语，与蒙古族人结伴交友。只有这样才能从敌人那里刺探出各种信息，包括近期敌人的动态，是否有偷袭的计划，规模有多大，目标是哪里等。一旦获得了情报，他们就必须迅速将情报送出，以便防御部队应战。

夜不收传递情报的方式有风筝、信鸽、书信、鸣炮以及烟火等多种，不同情况下会采取不同的方式。比如风筝，它源于鲁班以竹木为材质制成的会飞的木鹊，东汉蔡伦发明了造纸术后，人们便用纸将木鹊糊成纸鸢，把情报绑在纸鸢腿上。五代时，人们又在纸鸢上增加竹哨，风吹竹哨，声如筝鸣，风筝之名由此而来。据说，最初的风筝就是为了军事需要而制作的，主要是用来做军事侦察，或是用来传递信息和军事情报。唐代以后风筝逐渐演变为娱乐的玩具，流入民间。信鸽传递信息在中国也由来已久，汉朝时期还出现了"鸿雁传书"的典故。鸿雁本指书信，据说汉朝时期，苏武出使匈奴，被单于扣留并流放到北海地区去放牧，单于还对外假传苏武已死的消息，长达十余年的时间。后来汉匈和亲，但匈奴单于仍不肯放回苏武。后来，同苏武一起出使匈奴的常惠与汉朝的使臣共同设计说，汉朝的皇帝打猎时，射下来一只雁，在雁的腿上绑有苏武的书信，说他在你们的北海地区放牧。就这样，匈奴单于才不得不将苏武放回了汉朝。从此以后，"鸿雁传书"的故事也就广泛流传。

如果是一般的情报，夜不收会通过风筝、信鸽、书信等方式一两个月送回一次情报，或两三个月回来汇报一次敌方的动态，同时也会再接受新的任务。假如是紧急情报，夜不收会将其迅速传递到驿站，由驿站通过快马将信息一个驿站接一个驿站地传递下去，以便快速、准确地传递到朝廷，使兵部迅速做出迎敌的军事部署。古人的"八百里加急"指的就是非常紧急的军事情报。

另外，还有一种在边境地区观察敌情的夜不收。他们侦察敌情时需随身携带信号炮以及火镰等，以便传递信息用。同时还要备足几日的干粮，守在自己的信地，轮班观察，一旦发现敌情，则快速用纸炮报警，供烽燧转发报警，夜间也要瞭望敌情，不能休息，夜不收之名由此而来。

报警的约定为"凡瞭见虏众真切，即举二炮，俟再举二炮。炮响方离本地，各炮照数接应，挨次传至墩堠。更番分遣。络绎不绝，各专其地，用济二哨"。凡是能瞭望到敌人的，立即连续放两次炮，炮响之后方可离开，说明敌人已经到了此信地附近了，其他信地的夜不收依次照此响应，直至传递到烽火台，由烽火台启动烽燧传递敌情。

明代长城防线长达万里，陈兵近百万。据相关资料记载，隆庆年间仅蓟镇边防就有5000多名夜不收。在北京周边的古北口、慕田峪、八达岭等重要关口往往要有多名夜不收，站岗放哨，观察敌情。

尽管如此，由于蒙古骑兵的机动灵活性，在战术的运用上常以远距离的包抄迂回、分进合击为主，他们的这种上百里大规模出击的方式，使得明守军很难预料和防范。而他们在进攻时往往又集中兵力选择一个点，不管是哪个点被突破，都会长驱直入核心地带，因此夜不收的情报尤为重要。嘉靖二十九年（1550年），俺答汗进犯宣府边墙，由于防守坚固，久攻不下，于是快速转向攻蓟镇边墙。当时的兵部尚书丁汝夔收到情报后，急令辽东镇派兵赴白马关、保定镇援助古北口，大同镇总兵仇鸾率部驰往居庸关。可是不久又有顺天巡抚王汝孝的奏报，说敌人正奔往西北。丁汝夔深信不疑，于是又重新调整战略部署，最后俺答汗大军乘机攻陷古北口，到达了密云、怀柔、顺义、通州、昌平等北京周边地区，这就是历史上的"庚戌之变"。这次战役充分体现了敌人活动变化无常、军情也会瞬息万变的残酷现实。情报是否准确，决定了战争的胜败。由于边防的惨败，丁汝夔身为兵部尚书，责任重大，最后被处死。

事实上，在明朝长城军事防御战中，通常情况下，作为进攻方的蒙古骑兵，对付防守的明朝士兵，从时间和空间上都占有优势。明朝为了防止蒙古骑兵的进扰，在长城沿线的九镇中，陈兵近百万，耗费了大量的人力、物力和财力。但防贼千日，难防一时，一个疏忽被对方抓住机会，最后就会造成灾难性的后果。像丁汝夔这样的老臣，守驻边疆10年的战功，常常会被突来的一次失败而抹杀。

当然，北方民族这种战法也不是没有办法对付。中原王朝一旦得到他们的进攻路线，或者让他们在某个重要城池前无法突破，双方军队来进行决战，很多情况下中原王朝是会取得胜利的。正统年间的居庸关保卫战，充分证明了这一点。北京保卫战之后，也先的中路军从八达岭南下，在攻打居庸关时久攻不下，最后被迫撤退。

嘉靖三十三年（1554年），《九边图》的绘制人许论出任宣府、大同、山西三镇的总督，得到守将吕鹤初和丘富投靠了俺答汗还要勾结敌人进扰的消息后，立即派人将吕鹤初逮捕，并诛杀其党，从而避免了俺答汗的入侵。许论因此功被晋升。

后来，北方的蒙古贵族得知明朝常用夜不收刺探情报，便采用声东击西的办法，以假情报迷惑明军。

伴随着社会的进步，特别是有了"电"以后，信息的传递有了飞速发展，用电报、电话、传真、网络、无线电等技术获取和传递信息，比以前快多了。19世纪末以后，军事情报的搜集手段和传递方式都发生了重大变革。第二次世界大战后，一些国家的军队先后装备了导弹、核武器等，更加强调军事情报的作用，更注重运用各种现代化技术侦察手段以及时获取准确的情报。

京畿屏障

北京长城历史与文化

3

行走山脊的建筑

戍边英雄与空心敌楼的营建

万里长城犹如一条巨龙，跨越群山，途经绝壁，穿越草原，横亘沙漠，在崇山峻岭间沿着陡峭的山脊，蜿蜒盘旋。这样一道坚固的长城防线，不仅包含关城、城墙、敌楼，还要在长城外的制高点上修筑传递信息的烽火台，由此形成一个完整的防御体系。今天我们看到并游览的北京地区的长城，大多是明代修筑的，主要分布在京北燕山山脉和京西太行山山脉一带。这里山高谷深，又有峭壁断崖，因此，长城的防御工程更加雄伟坚固。

关城

长城的关口上都建有关城。关城一般修筑在重要的交通要道、峡谷之间，是与长城墙体相连的封闭性的城垣。关城大多随关口地形和防御的需要布置，并根据其大小和地形设置二至四个城门。城门要按时打开和关闭，以便于行人商旅自由出入。战时城门紧闭，严实坚固，可以用极少的兵力抵御强大的进扰者，可谓"一夫当关，万夫莫开"。如果敌人攻入关城，守城士兵可以从四面出击，围歼敌人，可谓"瓮中捉

图3-1 关城航拍图（汪晓峰摄）

鳌"。（图3-1）

北京地区著名的关城有居庸关关城、八达岭关城等。

居庸关关城扼守军都山的要塞中枢，地险关雄，十分壮观。现存的关城是明洪武元年（1368年）大将军徐达、副将军常遇春规划修建的，以后又经过屡次修缮。关城呈圆周封闭形，周长4000余

图3-2 居庸关关城城楼俯瞰图（郑严摄）

图3-3　居庸关南关瓮城之中的关王庙（汪晓峰摄）

庙里供奉着三国蜀汉大将武圣关公，以及黄忠、马超、赵云、张飞等三国蜀汉名将，用以福佑关城。

图3-4　居庸关明代儒学"泮宫"牌坊（汪晓峰摄）

米，南北月城及城楼、敌楼等配套设施齐备。关城内还有衙署、庙宇、儒学等各种相关设施。（图3-2）（图3-3）（图3-4）

八达岭长城是居庸关最重要的前哨防线，古称"居庸之险不在关而

图3-5　八达岭长城关城俯瞰图（远景）（汪晓峰摄）

在八达岭"。因此，明朝政府非常重视对八达岭长城的修筑。八达岭关城就是在明朝弘治十七年（1504年）由经略边务大理寺卿吴一贯规划创建，弘治十八年（1505年）由副总兵纪广率领军士修筑的。后来又经过多次修缮，才成为今天的模样。（图3-5）

关城设东、西两座关门。关门墩台的下部用10余层花岗岩条石垒砌而成，上部垒砌大块的城砖，宽20多米、厚17米、高7.8米，城门洞顶砖石发券，宽3.9米、高5.06米，必须有高超的建筑技术，才能修建成如此大跨度的门洞。以前的京张公路从门洞穿过，汽车往来穿梭，日夜不停。2008年8月31日，八达岭过境线工程全面竣工通车，八达岭长城景区正式实施封闭式管理，从此城门洞汽车穿梭的历史结束了。墩台顶部为长方形城台，台上四周砌有垛口。城台两侧30～40米处，各建敌楼1座，与城墙连通，如同关城的两座耳城，与关城构成掎角之势。一旦进犯之敌兵临城下，城上箭弩炮铳齐发，敌楼间互相策应，可组成密集的交叉火力，拦阻敌兵破关。敌楼向东有南、北两道城墙连接，两墙均建在山脊之上，东低西高，在东门相遇，形状呈东窄西宽的梯形。关城东、西两门相距63.9米，东门建于嘉靖十八年（1539年），门额书"居庸外镇"；西门建于万历十年（1582年），门额书"北门锁钥"，均保存完好。（图3-6）（图3-7）

图3-6　八达岭长城关城东门（卢子彤摄）

图3-7　八达岭长城关城西门（汪晓峰摄）

图3-8　李自成塑像（汇图网提供）

李自成（1606—1645），原名鸿基，明末农民起义领袖。

八达岭关城见证过无数次重大的历史事件：明成祖五次亲征漠北、李自成兵临八达岭、慈禧太后泪洒望京石等。这里也涌现过许多英勇御敌的英雄，如誓死护城的守备于希祖。据明清历史小说《崇祯惨史》载，明崇祯十七年（1644年），李自成在西安称帝，定国号为大顺。此后，起义军分两路进攻北京，一路由大将刘芳亮等率领，从山西，经河南、河北北上，以牵制明朝南路援军；一路由李自成亲自率领，跨黄河、过山西、克大同、陷宣化，长驱直入兵临八达岭关城。（图3-8）

当时守卫八达岭关城的是守备于希祖。他们面临着兵力不足，军粮、武器等物资不能按时供应等诸多困难。此外，监军平日里对士兵动则打骂，早已引起守城士兵的不满。就在此时，又有叛变者尤通判威逼于希祖向李自成投降。李自成的起义军蜂拥至八达岭城下时，看到长城上旌旗招展，士兵持弓操弩，严阵以待，命令大军在水长峪（今詹天佑纪念馆处）待命。

守备于希祖在城上看到敌兵，不顾威逼，指挥士兵连续炮轰敌营，李自成的大军不得不后退至岔道城。第二天早晨，李自成大军又来攻城，双方的战斗更加激烈。这可急坏了尤通判，他一边威胁于希祖，逼他投降，一边派人把500两黄金献给李自成，表示愿意献出关城。这时的于希祖再也不能违抗上级的命令，于是假装举旗投降，引诱敌人进入关城。等到李自成的人马进入城门内，他趁李自成不注意用枪刺向他，没有刺中，便随口大骂："可恨今天不能杀了你这贼子，看来是老天不助我呀！"于是挥刀砍杀十余人，最终因寡不敌众，自刎而死。传说于守备自刎后，无头的尸体久久站立不倒。李自成大军通过八达岭关城，一路向南攻入了北京城。随后，明思宗朱由检在煤山（今景山）自缢，明朝灭亡。（图3-9）

其实，如果不是上司通敌投降，李自成大军想要通过于希祖誓死守

图3-9　八达岭残长城（汪晓峰摄）

李自成进京破关处。八达岭残长城又名石峡关长城，距离八达岭长城5千米。

卫的八达岭关城，是要费一番周折的。

城墙

长城防御的主体部分是城墙，根据地形和防御功能的需要，城墙沿着险要的山脊或平原险阻之处而建，构造十分复杂。平原或要隘之处修筑得十分高大坚固，而高山险处则较为低矮狭窄，以节约人力和费用，甚至一些最为陡峻之处无法修筑，便采取了"山险墙"和"劈山墙"的办法。如北京密云区境内的司马台长城分东西两线，东线长城建在刀削斧劈似的山脊上，仅在2.7千米间，海拔从295米骤然上升至986米，直指云端，而且在千米山峰之巅还密布着15座敌楼。怀柔的慕田峪长城一个显著的特点是墙体两面都竖起高大的垛口，可以两面御敌。八达岭长城

图3-10　司马台长城东线（郑严摄）

更是雄伟壮观，墙体平均高七八米，地势较为平缓地方的城墙甚至可达10米以上。为了阻止敌人来犯，城墙的内侧修筑得比较低，城墙外侧则比较高。而且为了使城墙更加稳固不易倒塌，城墙底部的墙基修得比较宽，平均约6.5米，顶部只有5.8米，断面上小下大呈梯形。城墙墙身两侧用整齐的条石砌成，内部填满石块或灰土，并用石夯夯实，非常坚实。墙身里侧，隔不多远就修筑一个用砖或石砌成的圆形拱券门。券门内有用青砖或石条修建的楼梯，通到城墙顶上，便于守城士兵从这里上下长城。（图3-10）（图3-11）

城墙顶部，由三四层青砖铺砌而成。最上面一层用方砖铺砌，下面二三层用长条形青砖铺砌，铺砌得十分平整严实，并用白石灰勾缝，使野草不易滋生。梯道铺在十分陡峭的地方，以方便上下。墙面上宽约4.5

图3-11 慕田峪长城（郑严摄）

米，可容纳5马并骑、10人并进。墙顶内侧修筑有宇墙，又叫女墙，高1米多，用来保护巡逻士兵，防止其跌落墙下；外侧修筑有垛口墙，也叫雉堞，高2米左右，每个垛口墙上部都有一个小孔叫瞭望孔，用来瞭望来犯的敌人。（图3-12）（图3-13）

图3-12　宇墙（卢子彤摄）

又称"女墙"，是长城墙体顶部内侧的矮墙，宇墙的作用是防止巡城将士失足跌落城下，起防护作用。

图3-13　垛口墙（郑严摄）

长城墙体顶部外侧有凸凹豁口的矮墙，也称雉堞。垛口墙便于长城守护者从墙豁口处射击攻城之敌。

　　垛口墙的下部也有一个小洞，叫射孔，是用来射击敌人的。城墙墙面上每隔一段距离还设有排水沟，用来排墙面上的雨水。排水沟外，还有一个长长的石槽从内侧伸出墙外，叫吐水嘴，以防雨水冲刷墙身。（图 3-14）（图3-15）

图3-14　瞭望孔和射孔（卢子彤摄）

　　垛口墙上部的的孔为瞭望孔，下部的孔为射孔。

图3-15　吐水嘴（卢子彤摄）

在金山岭长城上，垛口墙下部还设有雷石孔。雷石孔内口呈方形，边长约0.5米，外口的下面做有上深下浅的凹槽道，槽道高1~2米，用来将比较大的石块从孔中投下，砸死砸伤城墙下的敌人。在这段长城上还有一种特有的防御工程——障墙。当长城修筑在过陡的山坡上，使用梯道仍容易使守城士卒暴露在敌人视线（或射程）之内的时候，就在垛口墙内侧连续加设几道垂直于垛口墙的短障墙，障墙同垛口墙高度一样，墙上也有瞭望孔和射孔。当敌军攻上城墙，沿城墙向上冲击敌楼时，守城兵士可以凭借障墙进行抵抗。（图3-16）（图3-17）

图3-16　障墙（朱冬芬摄）

筑在位于陡峭山坡的城墙的顶部，是为了防止守城将士暴露、受到城下敌人射击而建。这种横在墙顶面上的障墙，一般还开有瞭望孔及射孔，是山地长城特有的一种建筑形式。

图3-17　雷石孔（朱冬芬摄）

位于垛口墙下部，孔内有向下的滚槽，是用以滚放打击攻城敌人雷石的专门孔道。

敌楼

在长城城墙上，每隔不远就有一个突出墙外、用以防御攻城之敌的台子，称作敌台、敌楼。敌台跨城墙而建，基本是方形的，有的实心，也有的空心。空心敌台是戚继光任蓟镇总兵时主持修建的。（图3-18）

明代中期，戚继光被调到北方戍边，他发现先前的敌台较小，各台之间也不能相互救援；士卒暴露在风霜雨雪之中，没有可以庇护的地方；军火器具没有地方储存，一旦敌兵来袭，住在长城脚下村庄里的驻军不能及时登上长城前来应战。于是，他便开始对长城的防御工事进行改进，设计创修了空心敌楼，并用砖石包砌长城墙体，使长城不仅雄伟

图3-18　实心敌楼（八达岭特区办事处文管科提供）

坚固，而且修筑的水平也达到了顶峰。

　　空心敌楼是沿长城墙体每隔百米左右骑墙修建的楼房，远远望去，十分醒目。空心敌楼可以说是一个小型军事堡垒，建得高大坚固。戚继光在《练兵实纪》中说："今建空心敌台，尽将通人马处堵塞。其制，高三四丈不等，周围阔十二丈，有十七八丈不等者。凡冲处数十步或一百步一台；缓处或百四五十步，或二百余步不等者为一台。两台相应，左右相救，骑墙而立。造台方法：下筑基与边墙平，外出一丈四五

图3-19　空心敌楼（八达岭特区办事处文管科提供）

尺有余，内出五尺有余，中间空豁，四面箭窗，上层建楼橹，环以垛口，内卫战卒，下发火炮，外击敌人。敌矢不能及，敌骑不敢近。"（图3-19）

　　这些空心敌楼一般是由基座、中室、台顶3个部分构成。与城墙一样，空心敌台是以巨大的条石作为基础，上面垒砌大青砖，墙面严丝合缝，整齐平整。青砖之间的缝隙是用白灰砂浆和糯米汁一起搅拌后作为黏合剂，砖缝的砂浆粘得异常坚固。直到今天，我们仍能在长城上看到白色的灰浆。中室为空心部分，内部多为青砖砌成的拱券顶，能形成较大的室内空间，可容纳数十人至百人驻守，还可以存放粮食、弹药、兵器等物资。四周开有箭窗，根据每面箭窗数的多少，敌楼可以分为三眼楼、四眼楼、五眼楼等。北京市延庆区四海镇的九眼楼，形制独特，每面有9个箭窗，是箭窗最多的一座敌楼，通过箭窗可以从四周观察敌情和射击来犯之敌。上部为台顶，有绳梯、木梯或砖石步道可上下台顶，四周建有垛口，有的台顶中央还建有楼橹，供守城士兵遮风避雨。（图3-20）

当年的敌楼，战时可供守城部队进行指挥瞭望，储存武器、弹药、粮草物资等，以便应战；平时则可供守城士兵遮风避雨和休息。它的修建，使长城的防御功能得到极大加强。

图3-20　北京市延庆区四海镇的九眼楼（司达摄）

　　九眼楼位于"北京结"之北，怀柔区与延庆区交界处。因楼每面有9个箭窗，故而得名。又因所处山势高峻，晴天可望到京城，故也称望京楼。

长城砖的烧制

明代长城，特别是北京地区宏伟壮观的长城，无论是关城、墙体还是敌楼、烽火台，在建筑上大都是以巨大的条石打基础、青砖垒砌而成。这些不同形制和用途的长城青砖，其烧制过程也是十分复杂的，每一道工序，选址、取土、和泥、制坯、烧砖，都有明确的要求和管理。

烧制长城砖的砖窑一般都选在近水、近土、近柴、近长城、近土崖的地方，这种选址节省了大量的人力、物力、财力。砖窑大都采用地穴式结构，这种就地挖筑而成的地穴式砖窑俗称"马蹄窑"，简单、方便，可以根据工程需要灵活增减砖窑数量，因地制宜，就地取材，以适应各种规模的烧制要求。

有了砖窑和丰富的原材料，下面就要开始制砖。第一步是取土，制砖所用的土，土质要求沙黏度适宜，不能有石灰石等杂质。第二步是和泥，将土加水滋润，然后反复搅和，使其变成稠泥，这一工序对成品砖的质量起到至关重要的作用。第三步是制坯，将和好的泥土填进木制的坯模中，压实后，用铁线弓刮去多余的泥而成坯形。制坯之前，要在木模下的地面撒一层细沙，以防与地面粘连。脱模后的砖坯要码放在通风、宽敞的坯台上，为防止暴晒使砖坯出现裂纹或变形，阴雨天或午时可用草席蒙盖。15天至20天砖坯完全干燥后，就可以入窑烧制了。

第四步是烧砖，这个过程是整个制砖过程中最重要的一环。一般烧砖的燃料是选用麦草、树枝等硬木干柴，经过10多天的烧制，坯体基本已被烧好。如果这时慢慢熄火，外界空气进入窑内，坯体冷却后就呈现红色，这就是我们常见的红砖。如果在高温烧砖坯时，用泥土密封砖窑气孔，减少空气进入，坯体中的高价铁氧化物就会被还原为低价铁氧化物而呈青灰色。为了防止坯体内的低价铁重新被氧化，需往用土密封的窑顶上泼水，水遇高温变成蒸汽，并吸收窑内热量，窑内坯体在一周左右的冷却过程中继续保持化学反应，直到完全冷却后出窑。这样，由黄土变成青砖的全部生产过程就完成了。

这一块块经过复杂的制作过程烧制完成的长城砖，便是修筑长城的主要材料。

烽火台上传消息

　　烽火台又被称作烽燧、烽堠、墩台、烟墩等，是我国古代瞭望敌情，利用烟、火等快速传递军事情报的军事防御设施。（图3-21）

　　烽火台大多修筑在军事要塞长城之外的高山之巅或平川地势较高的交通要道之上，以便能够尽可能俯瞰重要的交通要塞。烽火台往往是一

图3-21　八达岭长城烽火台（八达岭特区办事处文管科提供）

系列的墩台，每隔一定距离，就筑起一座，绵延不断；而且站在其中任何一座烽火台上，既能举目遥望前边一座，也能回顾后面一座，构成一个传递军事情报的"信息网络"。自秦汉以后，烽火台就与长城密切连接成为一个整体，构成了长城防御体系的重要组成部分。长城沿线的烽火台，有的在边墙以外，向远处延伸；有的在边墙以内，与关隘、镇所相连；还有的在长城两侧，紧靠城墙。早期的烽火台，还与王朝都城联系，以便尽快向朝廷报警。2700多年前的"周幽王烽火戏诸侯，褒姒一笑失天下"的故事，就是一个利用烽火台向各地诸侯传递消息的例证。

西周初年，周天子为了巩固国家政权，大规模地把土地连同百姓分封给王族、功臣和先代的贵族，建立诸侯国。诸侯在他们分封的国内享有世袭统治权，也有服从天子命令、定期朝贡、提供军赋等责任。周天子曾与这些诸侯相约，如果遇到王室内乱或外族进扰等情况，就会在骊山上的烽火台点燃烽火，诸侯们看见信号就要立即出兵救援。西周末期，周幽王沉湎于酒色。他有个非常宠爱的妃子叫褒姒，长得特别漂亮但不爱笑。有一天，周幽王为了让她开心、逗她发笑，就将她带到骊山，然后命令士兵点起了烽火狼烟。远方的各路诸侯看到信号，以为宫中出了大事，都急忙带着兵马赶了过来。没想到，到了京城一个敌人也没看到，也不像遭到敌人进攻的样子，只看见周幽王和褒姒正在城头上饮酒作乐。诸侯们这才知道是天子在开玩笑，十分愤怒地各自带兵回去了。褒姒看见这么多兵马跑来跑去，终于笑了，幽王非常高兴。后来，公元前771年，犬戎真的带兵进攻京城，兵临城下，情况十分危急。周幽王赶紧命人点燃烽火，这时诸侯们都以为又是骗局而不愿前往，因此一个救兵都没有来。京城里的兵马本来就不多，只有一个郑伯友出去抵挡了一阵后，也败下阵来。犬戎兵步步紧逼，周幽王的人马越战越少，终因寡不敌众，最后被围住，遭乱箭射死，西周王朝因此灭亡。从这个

图3-22　汉代烽燧（汇图网提供）

故事里，我们可以看到古代烽火台的作用是非常大的，能够迅速传递消息，调集各方防守力量，共同对付来犯之敌。因此，此后的两千多年，各个朝代对烽火台的建筑、人员配备和烽火燃放都有严格的规定。

烽火台一般是独立的建筑，是因地制宜建造的，有用夯土打筑的、有用石块垒砌的、有用砖石砌筑的，也有里面夯土外面用砖包砌的。烽火台的形状因年代、地区不同而不同，大体为方形、圆形两种。依据20世纪初敦煌以北长城烽燧遗址的考古发现，汉代烽燧一般是一个高台望楼（亭），呈方锥体，高达10余米，台上边建有守望的房屋和燃烟放火的设备，以便居高观察敌情，传递情报，下面或旁边有戍卒居住守卫的房屋、羊马圈、仓库等建筑。（图3-22）

汉代烽燧系统有十分严密的组织机构和烽燧报警规定。守卫边郡的太守是边塞烽燧系统的最高长官，负责指挥侦察敌情并举烽报警。烽燧报警使用的烽火品种、数量及燃放等都有详细规定。依据敌人的远近及多寡不同，烽燧的组合也随之而变。烽是将易燃的柴草装入笼筐之中，系在长杆上，发现敌人来犯，就把它点燃，高高举起，发出火光，作为信号传递军情。燧是指燃放烽烟的墩台，墩台上堆放燃烧能冒出浓烟的柴草，通常白天发现敌情，就将它们点燃，用浓烟示警。据说当时曾用狼粪来做燧，因为狼粪的烟可以直上云霄，远处容易看见，所以烽火台有时也叫狼烟台。另一种传递手段，就是白昼时在烽燧上高举醒目的标识来传递消息，称为"表"。例如汉代《塞上蓬火品约》规定，燃放烽火以进扰边塞的匈奴人数为界限，是不满一千人时，只点燃一积薪；超过一千人时，点燃二积薪；若一千人以上攻打亭障时，则点燃三积薪。除了点燃积薪之外，还配合有举蓬、举表、举苣火的不同规定；并因敌人侵犯边塞方位不同和白天夜间的不同，又有各自不同但很具体的规定。

由于烽火传递紧急军情，不仅要求准确，而且还要尽可能地迅速。烽火台上士卒观察信号只能依靠肉眼，如遇特殊天气，如刮大风或下雨等白天看不见烟、夜晚看不见火的情况，他们就会立即将情况写成书面报告，派遣驿骑火速传递出去。这是另一种信息传递系统，叫驿传系统。

到了明代，烽火台又称烽堠、烟墩、墩台。每座墩台内驻守士卒5~6人，多的有30人，设一名燧长。守台戍卒必须有一人登台瞭望，将夜不收侦查探听的情报及时传递出去，若擅离职守，贻误军情，将要受到重罚。明代由于火器的发展、炮火的应用，烽燧制度有了更大改进，在燃放烽烟时加上了硫黄、硝石等助燃，除此之外还要鸣炮。如在明代成化二年（1466年）就规定：边塞举烽放炮，如果看见敌兵一二人至百余人，举放一烽一炮；五百人以上二烽二炮；千人以上三烽三炮；五千人以上四烽四炮；万人以上五烽五炮。这样，不但有火光烟焰，还有很大的声音，既提高了军情传递的准确性，同时也加快了传递的速度。

《明史·戚继光传》记载，蓟州镇防区内长城沿线，通常是"五里一墩，十里一台"，烽火台是很密集的。为了使烽火传递更加快速准确，戚继光还把传递消息的方法编成通俗易懂、朗朗上口的《传烽歌》，让守台官兵背诵熟记。经过严格训练，负责传烽的守军能以烽火准确快速地传递军情，一般3个时辰就可传遍整个蓟镇约1000米的防线。

从西周至汉、唐，再到明代，我国烽燧制度不断发展完善。长城出现以后，烽燧制度便与长城紧密地结合在一起，共同组成了军事报警的防御体系，并在战争中发挥着重要作用。

今天，我们在北京地区还能看到很多烽火台。据北京市文物局发布的调查资料，截至2008年底，明代长城北京段有烽火台165座，如延庆区的八达岭古长城自然风景区内，就有4座烽火台。(图3-23)

图3-23 延庆区的八达岭古长城附近的烽火台（黄丽敬摄）

"北门锁钥"固京城

　　北京地区的长城，在明代是保卫都城、拱卫皇陵的咽喉重要设施。谭纶、戚继光、杨四畏、吴一贯等风云人物都曾在此修筑长城、完善设施、训练军队打击外敌，护卫着京师的安全。北京地区出土的碑刻中，就有他们修筑长城的记载。（图3-24）

图3-24　八达岭长城碑刻及拓片（中国长城博物馆提供）

　　碑上记载了修筑长城的历史人物等内容。

图3-25　八达岭长城（汇图网提供）

　　位于北京市延庆区军都山关沟古道北口，是中国古代伟大的防御工程万里长城的重要组成部分，是明长城的一个隘口。

规划八达岭关城的吴一贯

　　八达岭长城是北京地区的重要关口，是居庸关的前哨，被誉为"北门锁钥"。因此，明朝政府非常重视它的修筑和防守，先后多次进行修缮，最终形成了城关相连、墩堡相望的完整军事防御工程体系。（图3-25）（图3-26）

图3-26　"北门锁钥"匾额（卢子彤摄）

据相关资料记载，八达岭关城为明弘治十七年（1504年）经略边务大理寺右丞吴一贯规划创修。

吴一贯，明成化十七年（1481年）中进士，最初任江西上高县知县，因为他做事勤谨，廉洁自律，兴办学馆，惩治贪官，成绩显著，于是被提升为御史。明孝宗弘治年间，他又先后任浙江、福建按察使，后又升任大理寺右丞。在任期间，吴一贯为官清正廉明，赈灾济困。他多次深入灾区，事必躬亲，关心民众疾苦，深受各处灾民爱戴。

弘治十四年（1501年）冬，明孝宗派遣他抚恤山东、河南饥民。吴一贯上奏请求拨粮食20万石，另上奏请求拨2万石发给京城和昌平百姓，得到皇帝的批准。京城百姓感念他赈灾的功勋，一度奉祀他为"城隍爷"。

弘治十七年（1504年），吴一贯奉命经略边务时，八达岭只是一个有士兵把守的山口，蒙古鞑靼常常进扰，士兵只能凭险据守，一旦失守，敌人很快就会进入居庸关，威胁京师安全。作为居庸关的屏障，在八达岭建一座关城是非常必要的。因此，吴一贯奉命开始规划创建八达岭关城。

在这荒山野岭的边塞山口，要建设一座关城，任务非常艰巨。这里山高风大，又是风口，风沙打在脸上生疼，连眼睛都睁不开。但吴一贯不畏辛苦，带着工程技术人员，冒着风沙察看地形，测量规划，在简陋的临时房屋内，设计出了关城建设的图样，又经过多次修改，最终确定了八达岭关城的样子。

设计完成后，修筑工程就开始了。副总兵纪广率领军士以及大批被征召来的工匠、劳役等，在工地上忙碌起来，有的开凿石条，有的烧制青砖，有的烧造石灰，有的搬运材料，有的抹灰砌墙……吴一贯更是身体力行，不顾寒风酷暑，亲临建筑工地监督、指挥。一次，他从山岭上巡视回来，看见一位监工正用鞭子抽打民工，那民工一动不动。吴一贯一问才知道民工因为吃不饱饭，没劲儿干活，才被监工抽打。吴一贯狠狠地批评了监工，并马上上报朝廷，筹集粮食运到八达岭来。粮食运到后，民工们能够吃饱饭了，非常感激吴一贯，干起活来就更卖力了。工程进展很快，弘治十七年（1504年）开始规划创立，第二年就建成了。建成的八达岭关城在居庸关北边约15千米的地方，关城横跨东西两座山峰，是两山之间的交通要道。南北城门修有城楼2座、敌楼2座、城铺2间、护城东山平胡墩1座、西山御戎墩1座。每年的春秋两季，守关者还率兵在城外挑掘偏坡、壕堑，以防虏寇进扰。

八达岭长城因其地理位置重要，在吴一贯建关城以后，一百多年间又经过了无数次修筑建设，是固守京城的北门锁钥。

吴一贯是八达岭关城的规划师，他一生刚直不阿、为官清正廉明，深得人民的敬仰。他去世后，故乡潮州的百姓为他建了"大理少卿"坊，以纪念他的功德和政绩。

北门锁钥与寇准

八达岭长城西门外侧拱形大门洞上方，镶嵌有一块巨大的匾额，上刻"北门锁钥"。历经500多年的风风雨雨，至今它依然是八达岭长城标志性建筑的重要组成部分。

为什么叫北门锁钥呢？这里还有一个典故。

宋真宗景德元年（1004年），辽国的萧太后与辽圣宗耶律隆绪亲率大军南下，深入宋朝境内，辽军统帅萧挞凛率军进军中原，一直打到黄河岸边的澶州（今河南濮阳）城下，直接威胁到首都汴京。这时，宋朝朝野震动，宋真宗急忙召集宰相寇准等大臣商议对策。此时，大臣们有的主张迁都南逃，大臣王钦若主张迁都升州（今江苏南京），有的主张

图3-27　"澶渊之盟"场景模型（汇图网提供）

迁都益州（今四川成都）。宰相寇准是主战派，他不仅主张迎敌作战，而且要真宗皇帝亲至澶州督战。虽然真宗皇帝也想南逃，但在宰相寇准的鼓动、督促下，只好率军御驾亲征，渡过了黄河。当宋真宗的龙旗插到澶州城上时，宋军将士看到了，他们的跳跃欢呼之声传到了数十里开外，将士们士气大振，勇气倍增，在澶州城下射杀了辽将萧挞凛，沉重打击了辽国的嚣张气焰。辽国萧太后害怕腹背受敌，提出和议，这个提议正合不想打仗的真宗皇帝的心意，于是双方在澶州订立和约，宋朝每年送给辽国岁币银10万两、绢20万匹，允许双方在边境地区开展互市贸易。因澶州在宋朝亦称澶渊郡，故史称"澶渊之盟"。（图3-27）

　　"澶渊之盟"后，寇准被人诬陷，宋真宗免去了其宰相职位，派到陕州（今河南陕县）做知州，后又改任知天雄军镇守国都北大门——大名府（今河北邯郸），防御辽兵的南下。那时北方辽国势力很大，河北大名府已经是宋与辽国交兵的前沿门户，位置十分重要。有一次，辽国使节经过大名府，慕名来拜见寇准。辽使知道北宋皇帝忠奸不分，寇准已经被罢相，于是故意挑衅地问寇准："您在朝中德高望重，不在中书省做大官，为什么要到这边境之地呢？"寇准回答："当今天下太平，皇上认为朝廷那边没什么大事，大名府是国家的北大门，防御这样的大事非寇准担当不可。"此事后，寇准还专门撰写一副对联悬挂在衙署中："东郡股肱今右辅，北门锁钥古天雄。"辽国闻知此事，非常害怕，一时不敢轻举妄动，于是，宋辽之间维持了较长久的和平关系。

从此，"北门锁钥"就成了大名府的代名词，后指北部的边防军事要地和重镇。明代的八达岭长城是明朝都城的北方门户，在修建此关城时，借用宋朝名相寇准御辽的故事，镌刻这块碑石放置在关门上，威震北方。

同时，北门锁钥也有和平通商时开门迎客、烽火连天时闭关迎敌的含义。长城既是古代保护中原地区社会统一、经济发展的军事系统，又是促进民族融合、加强相互交流的纽带。

"身当黄花"谭纶

隆庆二年（1568年），江西宜黄人谭纶出任蓟辽总督，负责京畿防务。之前谭纶曾在南方招募训练乡兵，并率领俞大猷、戚继光等将领共同作战，扫灭了侵犯我国东南沿海的倭寇，保卫了祖国海防的安全，保障了人民的生命和财产安全。

谭纶到达蓟镇后就着手调整兵力部署，他根据当时的地形地势，将蓟州、昌平两镇边墙划分为14路，选派将领分别戍守，14路又分为4个防卫区域。当时昌镇的镇边城、居庸关、黄花镇3路专设为1区，蓟镇的另外11路划分为东、西、中3区，谭纶驻扎在密云，亲自督理古北口、石塘

图3-28　古北口长城（郑严摄）

　　古北口长城是中国长城史上最完整的长城体系，由北齐长城和明长城共同组成，包括卧虎山、蟠龙山、金山岭和司马台4个城段。

岭、黄花镇各路军务。（图3-28）

　　明嘉靖以前，蓟镇、昌镇一线长城上的墩台仅可瞭望放哨，不能住宿。士卒依墙而守，日晒雨淋，士气低落。敌人往往攀缘而入，趁夜喊杀，使守军惊慌失措，敌人便趁乱从内向外拆墙开道，引大股军士而入。为此，谭纶按戚继光的筑台方案，改建空心敌台、加固长城。在修建中，将原来的长城加宽加厚，两面都设置垛口，每七八十垛之间，设小门以方便士卒上下城墙。又根据地势缓冲，每隔百步，或三五十步，在长城上修筑一座比墙垣高出一倍的敌台。敌台呈四方形，内可容纳50名左右士卒居住戍守。无事之时，士卒住进空心敌台内，并按照班次，轮流守望。一遇到外敌进扰，驻守的士卒就可以立即登上分守的区域，进行抵御，守台士卒则专门发炮，打击进攻的敌人。

谭纶任总督期间，经常在京师锁钥古北口、黄花镇、居庸关等地巡边，倡导植树，鼓励屯垦，安慰士卒，犒劳边将。隆庆五年（1571年）秋季，蒙古东西诸部在黄花镇外四海冶聚集大批兵马，准备同时进攻黄花镇各关口。当时谭纶协理京营军事事务，他周密部署了京师防卫之后，亲自率领一支精兵防守最靠近皇帝陵寝的黄花镇。结果敌人探知蓟镇防守严密，不战而退。由此谭纶得到了"身当黄花"的美誉。谭纶主持兵事30年，与戚继光一起被后世誉为"兵家谭戚"。

抗倭、戍边戚继光

戚继光出生于将门世家，祖籍山东登州（今蓬莱），明朝抗倭名将、军事家。戚继光在东南沿海抗击倭寇十余年，扫平了倭患，东南沿海才得到安宁。

此时，北方形势却很严峻。鞑靼不断南侵，威胁京师。嘉靖二十九年（1550年），蒙古鞑靼部俺答汗亲自率领10万骑兵，攻取了古北口，越过长城，长驱直入到达今通州区。大肆掳掠8天后，鞑靼骑兵带着掳掠来的大量金银财物，准备由白羊口（今北京延庆区西南）出塞，但由于守将扼险防御，此道走不通，后又绕道昌平北，长驱到天寿山，仍从古北口出塞而去。这就是"庚戌之变"。此后，明廷不得不加强京师的防御，在前门外修建北京外城，设置蓟辽总督大臣，管辖蓟州、保定、辽东三镇，招募山东、山西、河南等地的兵将，每年到京师进行秋防，秋后散去。

隆庆元年（1567年），朝廷议召戚继光到蓟门一带训练士兵。隆庆二年（1568年），戚继光奉命来到京师，总理蓟州、昌平、保定、辽东等镇的练兵事宜，总兵官以下的全部人员都归他协调指挥。他深知保卫京畿重地责任重大，因此，到任后就去塞上巡视，考察边关的情况。他

图3-29 山海关（郑严摄）

　　山海关，又称榆关、渝关、临闾关，位于河北省秦皇岛市东北15千米处，是明长城的东北关隘之一，是中国长城三大奇观之一。

　　看到守城军队纪律不严，士卒不知阵法，不会作战，而且长城墙体修建得低矮、单薄，缺少墩台，根本无法抵御游牧部族的武装袭击。于是，他便决定首先从练兵和筑台做起。

　　戚继光经过上奏，招募了约3000名浙江兵，在郊外进行训练。有一次，天下大雨，浙兵从早上站到太阳西斜，始终直立不动。守城兵士十分惊骇，从此才知道了什么是军令。经过戚继光的严格训练，这支军队成为听从指挥、技术精湛、战斗力强、勇敢善战的军队。

　　除了军队的训练，戚继光认为要巩固京畿的防务，还应当改建长城和增修敌台。他上书朝廷，建议加高加厚原有的边墙，在墙两边都修筑垛口，重要的地区还要修筑重墙；另外在长城线上修筑空心敌台3000座，方便士卒在长城上驻守和储存粮食弹药。修建敌台的建议被皇帝采纳了，但是数量被削减了三分之二，只同意修建1000座。因此，戚继光只好把敌台建在交通要道、重要关隘、山高险峻之处，修建得稀疏一点。

戚继光还拟制了筑台规则：修筑敌台，要随地势而建，边墙外面依险而建，"计高三丈。内面但随山势，不必拘于三丈"，灵活掌握。此外，就地取材，利用砖、石，或用胶和好土筑成三合土，以求坚固。他还采取分片包干措施，赏罚分明，所以工程进展又快又好。

1571年，修筑敌台的工作全部完工。从此以后，在东起山海关、西到镇边（今昌平西）的千里长城防线上，1000余座雄伟壮观、随着地势高低修建的敌台巍然屹立。（图3-29）（图3-30）（图3-31）

图3-30　山海关老龙头（郑严摄）

图3-31 山海关，全国重点文物保护单位标识（郑严摄）

　　空心敌楼骑城墙而修建，一般分为3层，底层是用巨大的石条或砖石修筑的台基，坚固耐久；顶层是一个空台，四周围墙上有垛口、瞭望孔，可以瞭望敌情，也可以居高临下，用炮铳、弓弩远射敌人；中层是空心的，四面设有箭窗，能驻兵三五十人，并储备必要的粮食、弹药、枪械设备等。一台设置百总1人，专门负责调度攻打；设台头、台副2人，专门负责敌台内的军器、辎重。敌军来进攻时，守台士兵能够迅速登台迎战，以铳炮矢石居高临下地实施打击，使敌军不能靠近敌台。即使敌军突入到边墙，敌台上的守军仍然可以依靠敌台进行固守，两座敌台的守军相互策应，形成交叉火力，可以截击敌人的侧翼和后方。空心敌台具有守卫、瞭望、存储和防御庇护等多种功能。士卒在此守卫居住，即使敌人大队骑兵来袭，也难以突破。

　　戚继光在镇守京畿期间，由于兵士训练有素，长城修筑得高大雄伟，蒙古俺答汗不敢进攻内地进行骚扰。明朝政府还与俺答汗达成协议，封他为顺义王，并在大同、宣府等地设立互市，俺答汗则严禁诸部入边劫掠。但是，蒙古朵颜部、辽东的土蛮部还经常进扰边境，戚继光同样积极防御。

　　万历元年（1573年），蒙古朵颜卫董忽力（又译作董狐狸）与侄子董长昂侵犯喜峰口，索要赏银，他们的要求没有得到满足，董忽力就在关外大肆烧杀抢掠，践踏沿边的塞口，以引诱明军出关作战。戚继光瞄准时机，乘对方不备，率军突然出击，迅速将其击溃。万历二年（1574年），董长昂又进扰边境，但无法从关口攻入，于是就与董忽力一起，逼着他的叔父董长秃进扰石塘岭、黄花镇等地。戚继光放弃闭关死守之策，率师出关迎击，将其击败并活捉董长秃。董忽力与董长昂不得不率领部族首领及宗族300人，来到戚继光关前请罪，董忽力穿着素服，向戚继光叩头大哭，请求赦免董长秃。戚继光与部下商议后决定接受其投降，董忽力于是将劫掠的人马放回，并发誓不再反叛。于是戚继光释放了董长秃，又准许他们前来通贡互市。自此董忽力与董长昂再也不敢侵犯蓟门。

　　万历七年（1579年），蒙古土蛮部见黄花路左右无懈可击，便派兵东去进扰锦州，辽东总兵李成梁请求戚继光支援，戚继光在石河等地大败土蛮。后世的史学家把这一时期镇守长城防线的李成梁和戚继光比喻为中华的半壁江山，常敬称其二人为"左成梁，右继光"。

　　戚继光在北方镇守16年，主持加固了长城，用条石垒砌墙基，用砖石包砌墙体；修筑了战守结合的空心敌楼，使之成为九边长城中最好的军事防御工程；制订了车兵、步兵、骑兵相互配合作战的战术，多次击退进扰之敌，使军威大振，蓟门太平安定。万历十一年（1583年），戚继光被排挤出京，调任广东总兵官。杨四畏接任其职。万历十五年（1587年），戚继光病逝。为了纪念戚继光"南平倭寇，北御蒙古"、保家卫国的不朽贡献，山东蓬莱特意为他建造了一座纪念馆。

他还著有《纪效新书》《练兵实纪》两部军事训练的著名兵书，有很高的军事价值，受到高度的重视，对明朝以后的兵学发展产生了重要的影响。

"天子锁钥之臣"杨四畏

杨四畏，原籍安徽桐城，嘉靖三十二年（1553年）中武举，后因能征惯战，摧毁劲敌，升任山海路守备，后任游击将军。在一次战斗中，杨四畏一人杀伤数十敌人，身中16箭，仍然带领众将士奋勇杀敌。杨四畏常常能够以少胜多，因而战功赫赫，很快升任参将，嘉靖四十五年（1566年）升任辽阳副总兵。隆庆元年（1567年），蒙古兵进攻宁远，杨四畏随总兵王治道深入敌后，攻击敌人，斩首百余级，缴获马匹、器械无数。隆庆二年（1568年）他升任昌镇总兵，与蓟镇总兵戚继光协同配合，固守明朝北部重镇蓟、昌两镇。

杨四畏到达昌镇后，按总督谭纶的部署，与戚继光紧密协防，对6000余名步兵进行火器、挽车等科目的操练，建成车营；又对自己管辖的6000余名骑兵进行训练，建成骑营。他在黄花镇险峻地带增设固定的虎蹲炮，在平缓关口、墙垣多备战车，战车装设佛郎机炮，以利于机动灵活地防御作战。

蓟镇、昌镇两镇长城防线在戚继光、杨四畏、刘应节等人的督理下，创修了可以昼夜值守、攻防兼备的空心敌台，长城防线愈加坚固。但是，由于蒙古部落经常从永宁、四海侵犯黄花镇，杨四畏就在黄花城水长城主城以北加修了副城，在黄花城东沟河口加固了二道关、镇河台，同时为了延缓蒙古兵对京师进攻的速度，还在杏树台左右增建了墙垣、壕堑和敌台。加上后来梁梦龙主持加修的部分，至万历九年（1581年），蓟镇修边墙约18千米、敌台101座，铲削偏坡约2千米，建潮河川大桥1座；昌镇修边墙约15千米、敌台10座，铲削偏坡约0.2千米。（图3-32）（图3-33）

图3-32　黄花城水长城（汪晓峰摄）

　　黄花城水长城，位于北京市怀柔区九渡河镇境内，距北京市区65千米，是以奇而著称，融山川、碧水、古长城为一体的胜地。

图3-33　水长城景区入口（汪晓峰摄）

　　万历十一年（1583年），杨四畏接任蓟镇总兵之职，镇守蓟镇、永平、山海关。杨四畏在任蓟镇、保定总兵时，修边御敌，深得万历皇帝信任，加升中军都督府右都督，特进荣禄大夫，官至正一品，被誉为"天子锁钥之臣"。

京畿屏障

北京长城历史与文化

4

冷热兵器显神威

长城防御中的冷兵器

《孙子兵法》（图4-1）开篇说："兵者，国之大事也。死生之地，存亡之道，不可不察也。"就是说，战争是一个国家的头等大事，关系到军民的生死、国家的存亡，不得不慎重周密地观察、分析、研究。军队

图4-1　《孙子兵法》（汇图网提供）

　　《孙子兵法》是中国现存最早的兵书，也是世界上最早的军事著作，共有6000字左右，共13篇。作者为春秋时祖籍齐国乐安的吴国将军孙武。

87

的强弱、兵器的好坏，与一个国家的生存与发展息息相关。

古人为了国家的安全，不仅建立强大的军队，修筑坚固的防御工事——长城，还打造大量的兵器来抵御外敌的进扰。兵器大致分为冷兵器和火器两类。狭义上冷兵器是指不带火药、炸药或其他燃烧物，在战斗中直接杀伤敌人、保护自己的近战武器装备。火器是指依靠火药或类似化学反应提供能量，以起到伤害作用的（如火药推动子弹）武器；或者直接利用火、化学、激光等携带的能量伤人的（如火焰喷射器）武器。

中国的兵器可谓品种繁多，令人眼花缭乱，在古典小说和传统评书中也是经常出现。这里简单介绍几种最常见的冷兵器及一些人物故事。

弓箭

冷兵器时代，最致命的武器之一就是弓箭了。脍炙人口的"后羿射日"的传说，说明了弓箭的威力。我国古代的人类早在3万年前就开始使用弓箭了。最初的箭只是一截削尖的树枝或竹子，后来古人用石块或骨、贝做箭镞，安在箭杆头部。为保持飞行方向和速度，又在箭杆尾部装上羽毛（箭羽）。铁出现后，箭镞改用铜铁合金制造，种类也随之增多。我们现在看到的青铜箭镞，大多是汉代以前生产的。西汉炼铁术发明后，铁器大量应用于生产，逐步取代了青铜器。（图4-2）

箭的形制，历朝历代基本相同，不同的是由于用途不一样，箭杆的长度和箭镞的长短、大小、式样有所不同。商代时候，箭头由青铜制作，除狩猎外，还用于战场，成为远射武器。汉代时，镞的形制趋向多样化，有双翼、三棱、四棱、扁叶、圆棒形等。为了加大箭的杀伤力，人们还发明了毒箭，即在箭头上铸有毒槽，把毒粉涂在槽内，一旦被带

图4-2　青铜箭镞（汇图网提供）

　　箭头，通称矢锋，汉时叫镞或镝。商代时期，箭头已由青铜制作，除狩猎外，多用于战场，作为远射武器。

毒的箭头射中，轻者皮黑肉烂，重者毒入五脏而死。

　　除了毒箭以外，在战争中广泛应用的还有火箭，即在箭杆上绑上油脂或火药等纵火物质，点燃后射向敌群，来烧伤敌人或烧毁车辆、粮草等。还有一种"响尾箭"，传说是匈奴首领冒顿单于发明的，前端有锋刃，后面有铤，铤部上端带有葫芦形物，上有3个或4个小孔，借助强弓远射，飞行时发出声响，用来发出信号或警报。

　　在战争中，被弓箭射伤的大将很多：如"纸上谈兵"的赵括、"刮骨疗毒"的关羽等。

　　战国时期著名的长平之战中，秦国使用离间计，使赵王派赵括替代廉颇为主将，率兵对抗秦军。赵括到达前线后，撤换了军官，改变了廉颇不准出战只防守的策略，快速出兵突破秦军防线。秦国也暗中派遣白起抵达长平前线接替王龁指挥秦军。白起采用了诱敌深入、困敌聚歼的策略，等赵军出击后，插到赵军的后方，切断赵军的退路。赵军在被秦军围困46天后突围失败，赵括被秦军乱箭射死，40万赵军被秦军俘获，并遭到秦军的坑杀，只有240名童子军回到赵国。"纸上谈兵"这个成语就是因赵括而来的。

刮骨疗毒的关羽

罗贯中所写的小说《三国演义》中，就有一个关羽臂中毒箭，刮骨疗毒的故事。关羽水淹七军擒获了于禁，刀斩庞德，名声大震。在攻打樊城时，曹军大将曹仁命令弓弩手对关羽乱箭齐发。关羽右臂中了毒箭，臂膀青肿，不能活动。名医华佗听说了此事，从江东赶来为关羽治疗箭毒。当时关羽为了稳定军心，忍着疼痛与马良一起下棋。

华佗仔细检查了关羽臂上的伤口，说你中的箭是毒箭，箭毒已经到达肌骨，如果不马上治疗，胳膊就保不住了。华佗为了能更好地实施手术，想立一个柱子，在上面固定一个铁环，把关羽受伤的胳膊绑在铁环上，用绳子固定住。然后再用刀割开皮肉，刮去骨头上的箭毒，用药敷好，用线缝上伤口。

关羽大笑，说不用那么麻烦。他只是让关平准备了几杯酒，一边继续与马良下棋，一边伸出受伤的右臂，请华佗治疗。华佗让一个士卒端来一个盆，放在下面接血，对关羽说："我要开始治疗了，您不要害怕。"关羽说："先生您尽管医治，我不会害怕疼痛的。"华佗灵巧地拿着手术刀，割开他受伤臂膀的皮肉，发黑的血滴滴答答地滴入盆中。华佗发现关羽的骨头已经变青，便用刀子刮除骨头上的药毒，发出"沙沙"的声音。关羽依旧谈笑自如，饮酒下棋，完全没有痛苦的表情。帐篷内外的将士屏息静气，看着华佗和关羽。华佗刮净了关羽胳膊上的药毒，敷上药，包扎好了伤口。关羽大笑着站起身来，对将士们说："我的胳膊现在已经可以自由地舒展了，不疼了！华佗先生您真是神医啊！"华佗治疗完毕，由衷地赞叹说："我当了一辈子医生，还没有看

图4-3　关羽刮骨疗毒塑像（汇图网提供）

到像您这样的病人，将军真是天神啊！"

　　这就是"刮骨疗毒"的典故。后来，人们也用刮骨疗毒形容意志坚强。（图4-3）

　　弓箭是比较原始的武器，也是长城的守卫常用的武器。明太祖洪武六年（1373年），中书省、大都督府、御史台、六部议定的《教练军士律》规定："骑卒必善驰射枪刀，步兵必善弓弩枪。射以十二矢之半，远可到，近可中为程。远可到，将弁百六十步、军士百二十步；近可中，五十步。"古代的一步，即左右脚各前进一下，大约1.5米。50步约75米，比今天奥运会射箭运动员距靶子的距离70米略远，一般体力的士卒经过训练都可以射中目标。

明代隆庆年间，为了进一步加强八达岭段长城的守备力量，负责蓟、昌两镇的谭纶和刘应节在八达岭沿线增添军力部署，增加人员、柴草、武器。明代还盛行火箭，即在竹筒或硬纸筒里面填装火药压实，绑在箭杆上，点燃后发射出去。这种火箭射程远，具有很强的杀伤力。

总之，弓箭的发明，是人类历史上一次伟大的进步。在原始时代，弓箭的使用，扩大了狩猎的范围，使人们避免了与猛兽直接搏斗，减少了受伤的危险，增加了获取食物的机会。在古代战争中，弓箭更成了兵器中最为重要的组成部分之一。无论是冷兵器时代，还是火器时期，弓箭都发挥着重要作用。

"神威将军"显神威

早期的火枪——火铳

火铳是元朝和明朝前期对金属管形射击火器的统称，在竹制、纸制管形火器的基础上发展演变而来。元朝火铳是中国第一代金属管形射击火器，是元军攻城略地的利器，它的出现，使火器的发展进入了一个崭新的阶段。明朝建立后，大量制造火铳，装备军队，在永乐年间组建了专门掌管火器的特殊部队"神机营"。（图4-4）

火铳是以铜或铁铸成，以火药发射石弹、铅弹和铁弹，由前膛、药室和尾銎构成。通常分为单兵用的手

图4-4　明景泰元年（1450年）制造的铜制火铳（汇图网提供）

图4-5　明朝三眼手铳（汇图网提供）

元末明初火铳的一种，因形体较轻，口径较小，可在其后装入木柄以手持使用，故称手铳。

铳，城防和水战用的大碗口铳、盏口铳以及多管铳等。手铳又有单眼、双眼、三眼、九眼、十二眼等不同种类。手铳一般铳身细长，前膛呈圆筒形，内放弹丸；药室呈球形隆起，室壁有火门，供安放引线点火用；尾銎中空，可安装木柄，便于发射者操持。三眼铳是一种多管铳，铳身由3个铳管平行铸合成"品"字形，尾銎可装木柄，每个铳管都有一个药室和火门，点火后可连射或齐射。大碗口铳和盏口铳的构造与手铳类似，但形体较粗，铳口像碗（盏）的形状，可容纳较多的弹丸。有些碗（盏）口铳尾銎较宽大，銎壁两侧有孔，可横穿木棍，将铳身放置在木架上。发射时，可以在铳身下面垫上木块，调整铳口的俯仰角。（图4-5）

　　元代的火铳由于管身多采用青铜铸造，能耐膛压，且能填充较多的火药和较重的弹丸，因而火铳使用寿命长，能反复装填使用发射，威力大大提高，因此，很快就成为军队的重要装备。元朝末年，朱元璋起义，和州人焦立向他呈献10支新式武器火铳，当时称为"火龙枪"。在朱元璋打天下、建立大明王朝以及巩固明朝政权的诸多战争中，火铳都立下了汗马功劳。

明朝建立后，军队经过战争考验，战斗力增强，人员总数达到120万。为了加强边防、海防和城防建设，朝廷大量制造火铳，并于永乐年间组建了专门使用火器的神机营，装备有火枪、火铳等。神机营是朝廷直接指挥的战略机动部队，担负着对内保卫京师、对外出征作战的重任，主要负责操练火器及随驾护卫马队官兵。在明成祖亲征漠北的战斗中，神机营配合骑兵、步兵作战，充分显示了它的威力。

明永乐十二年（1414年），明成祖朱棣率领50万大军，第二次亲征漠北，从北京出发，出居庸关、过八达岭，浩浩荡荡开赴塞外，征讨瓦剌部落。一次，明军与瓦剌军的一股游兵在三峡口（今蒙古乌兰巴托东南）相遇，经过激烈战斗，数十骑敌兵被杀，明军取得了胜利。后明军抵达忽兰忽失温（今蒙古乌兰巴托东南），瓦剌军首领马哈木、答里巴等率领3万兵力，占据山岭进行阻击抵抗。明成祖首先派出骑兵在前面冲锋，引诱瓦剌军离开山岭，然后命令神机营从正面用炮火轰击，敌军的防守阵地被神机营迅猛的炮火摧毁，大部分敌军在炮火中丧生。这时，明军大队骑兵开始进攻，宁阳侯陈懋率部从右路进行攻击，丰城侯李彬率部从左路进行攻击，明成祖亲率骑兵乘势追击。双方展开激战，瓦剌军节节败退，明军骑兵乘势追歼，在土剌河杀死瓦剌王子等10余人及其部众数千人，马哈木部全线溃退，连夜逃遁。明军大获全胜，班师回京。

由于神机营的火铳在战斗中作用显著，明成祖在永乐二十一年（1423年）第四次亲征漠北时，提出了新的排兵布阵原则：战事开始后，神机营与骑、步兵三者要互相协同，发挥整体杀敌优势。神机营火铳枪炮排列在全阵之前，各射手之间要保持一定的距离，方便填装弹药，实施轮番射击，摧毁敌人的前锋部队，打击敌人的锐气。等敌人阵地溃乱的时候，列在后面的密集骑兵再迅速出击，冲入敌军队伍，打垮敌军的阵线，步兵则追击败逃之敌。由于采取神机营与步、骑兵协同作战的新战术，明成祖最后取得第四次亲征漠北之战的胜利。从此以后，以火器为布阵主体的新布阵战法得到不断发展与完善，火器的应用更趋专业化。

明代嘉靖以后，明军装备的轻、重型火铳，逐渐被鸟铳和火炮取代。

"神威大将军"显神威

明代是我国古代大炮铸造和使用最兴盛的时期。明朝建立以后，专门设有兵仗、军器二局，研制铸造大炮。明成祖时，下令在长城沿线安

图4-6 红夷大炮（汇图网提供）

红夷大炮，其原型是欧洲在1600年前后制造的舰用长炮，明代后期传入中国，也称"红衣大炮"。

置大炮，还有佛郎机、神枪、火铳等。《明史·兵志》记载，到了明代中叶，大炮的铸造工艺逐渐精良，制造出的"红夷大炮"（图4-6）长6米有余，重3000斤。这种炮，有照门和准星用于瞄准，射程可达500多米。

明代军队中，还设有使用大炮的军机营。京城保卫戍守的军队在长城关口要冲，配备神机营。

明末，崇祯帝为防范清军入关，命令徐光启从澳门购买大炮。澳门卜加劳铸炮厂特别重视这件事，派出炮兵统领公沙德西劳，率领大批炮手及炮厂的工匠伯多禄护送10门大炮进京。途经河北涿州时，因发现涿州战事告急，于是留下4门大炮协助防守，把剩下的6门大炮于明崇祯三年（1630年）运到北京。第二天，由葡萄牙的炮兵统领公沙德西劳试炮，非常成功。崇祯帝于是命令京营总督李守琦同提协诸臣，把这些大炮安放在都城的要塞，并精心挑选将士学习点放大炮的方法，并给大炮赐名"神威大将军"。（图4-7）

崇祯十七年（1644年），李自成率领的起义军逼近宁武关下。守将周遇吉率领数千名勇士在城上固守，架炮轰击，农民军死伤惨重。此时，明军大炮火药用尽，援军还没有赶到。而农民军的大炮运到，对宁武关发起了猛攻，在炮火的轰击下关城不断坍塌，起义军攻入关城。周遇吉继续指挥巷战，最终寡不敌众，宁武关陷落。

由此看出，大炮在城池守卫和进攻中作用巨大，是战斗胜利的必备条件。

清代初期对大炮的制造也很重视，吸取了西洋炮的先进技术，并有所发展。在大炮上安装了瞄准器，提高了发射的准确率；炮身加长，提高了火炮的射程，增强了杀伤威力；再加上有了炮车炮架，运用更加灵活。清康熙帝时，为平定三藩叛乱、实现国家的安定统一，特别铸造了许多便于使用的轻型大炮来镇压叛乱。康熙十八年（1679年），清军取

图4-7 "神威大将军"炮，藏于中国长城博物馆（中国长城博物馆提供）

得了平定三藩战争的节节胜利，这些大炮发挥了巨大的作用。

"神威大将军"和大量的火炮在清王朝统一中国的战争中发挥了巨大的威力，立下了卓越的功勋。

康熙二十九年（1690年）夏天，噶尔丹率领10万铁骑大举向东进发，直指长城，威逼中原，大军在乌兰布通扎下营盘。康熙帝率领京师八旗兵及火器营兵3万余人，从北京出发，出居庸关，在八达岭西岔道宿营一夜，次日大军启程向西进发。

康熙这次率领大军出居庸关，看到雄关古塞，层峦叠嶂，感慨万千，写了一首《出居庸关》："群峰依天半，直北峙雄关。古塞烟云合，清时壁垒间。军锋趋朔漠，马迹度重山。渐向边城路，旌旗叠翠间。"准噶尔军在乌兰布通利用险要地势，依靠北面的山、南面的高凉河布下阵势，将万余头骆驼绑住蹄子趴卧在地上，驼背上放上木箱，木箱用浸湿的毡子蒙上，形成了一条"驼城"防线，士兵靠着箱笼的掩护，发射弓箭、火器，进行阻击。康熙帝分析了形势以后，及时调整了部署，调来"神威大将军"炮，以火器部队在前，步骑兵在后，隔着河排兵布阵，对噶尔丹的骆驼阵进行狂轰滥炸，大破准噶尔军的驼城。然后他命令步兵从正面发起进攻，骑兵从侧面迂回进攻。噶尔丹大败后，向西溃逃。这一仗，为清军最终平定叛乱奠定了基础。

这次战役之后，康熙帝更加重视火器在战争中的应用，不仅在汉军八旗装备火器，而且也迅速在满洲、蒙古八旗中装备了火器，组建火器营。为了提高战斗力，康熙三十年（1691年），还制定了春季操练的制度，每年春天举行实弹射击演习，汉军每旗出炮10门、鸟枪兵1500名，满洲、蒙古八旗各旗出炮10门、火器营兵1500名。

康熙三十五年（1696年），噶尔丹部再次叛乱，康熙帝调集军队，分东、中、西3路前往征讨，同时，命令大同、宣化府炮队携带"神威大将军"炮48门，分别赶赴西路和中路，协同作战。康熙帝亲率京师八旗兵及火器营兵3万余人为中路，出独石口（今河北赤城北、长城隘口）北上，与其他两路约定日期进行夹攻，以歼灭噶尔丹军。后康熙帝率中路军抵克鲁伦河，接近噶尔丹大营。噶尔丹得知御驾亲征，吓得弃帐逃跑。西路大军在昭莫多排兵布阵，将噶尔丹引诱至此，用火器、弓箭猛烈攻击，噶尔丹军阵脚大乱，主力被清军击溃，噶尔丹仅率数骑逃脱。这次战役中，调集了"神威大将军"等很多大炮，在战斗中发挥了巨大的作用。(图4-8)

今天，我们在八达岭景区内的中国长城博物馆展厅内也能看到一门

图4-8 "神威大将军"炮上的铭文（中国长城博物馆提供）

"神威大将军"炮。炮身上铸有铭文"敕赐神威大将军"，从铭文中不难看出，此炮的名称是皇帝御赐的。这门大铁炮，炮长2.85米，铸造精良，炮身铸有五道加强箍，箍的两侧还装饰有云纹。在炮管部不仅铸有大炮的名称，还铸有监制官员的名字，以及大炮铸造的时间崇祯十一年（1638年）三月。这门大炮是1958年从延庆区张五堡村运到八达岭的，曾经在长城登城口处陈列，2008年移到中国长城博物馆（图4-9）展出。它静静地卧在那里，供人们参观研究，从它巨大的身形可以想象它当年守卫长城时的神威。

100

图4-9 中国长城博物馆（汪晓峰摄）

　　位于北京八达岭长城脚下，是一座以万里长城为主题，全面反映长城历史和现状的专题性博物馆，其样式为仿古烽火台式连体建筑。

设障防御铁蒺藜

图4-10　铁蒺藜（汇图网提供）

　　铁蒺藜，中国古代一种军用的铁质尖刺武器，可作为障碍物撒布在需要防备处以伤害敌人，亦称蒺藜。

铁蒺藜是我国古代的一种防御类武器。它有4根伸出的铁刺，长数寸，只要放在地上总有一个尖刺朝上。它的名字来自一种生长在山坡、沙荒地上的低矮的草本植物。这种植物的果实外壳4角有尖刺，长满尖刺的果实成熟后掉落在地上，总有一根刺朝上，如果路人不小心碰到它就会被扎伤。聪明的古人受到它的启发，根据蒺藜果实的外形，仿制出了铁蒺藜，并在古代战争中广泛应用。（图4-10）

三国时期，蜀汉丞相诸葛亮为了夺取关中，率领西蜀兵马六出祁山，征讨北魏。234年，诸葛亮率领10万大军再出祁山时，由于积劳成疾，病情日益加重，在五丈原不幸身亡，蜀军失去了统帅，不得不回撤。西蜀将领按照诸葛亮临终前的部署，死后秘不发丧，撤退时后寨先行，然后一营一营缓缓而退。为了防止魏军的追赶，杨仪按照诸葛亮的嘱咐，在撤退的沿途道路上大量布设铁蒺藜。司马懿得知诸葛亮已死，西蜀退兵的消息，便亲自率领大军追击蜀军，途中发现路上布满了铁蒺藜，许多人马被扎伤，无法继续前进。司马懿只好下令暂停前进，派2000名士兵穿着厚底软木鞋子为大军开路，尖锐的蒺藜都扎在了木鞋子上，道路才被打通。等到铁蒺藜路障被排除以后，大队人马再继续追赶蜀军时，蜀军早已走远了。可见，铁蒺藜被撒布在敌人行进的必经之路上，能很好地起到阻挡敌军前进、减缓敌军行军速度的作用。铁器广泛使用后，人们用模具生产铸造了大量的铁蒺藜，使之成为军中设置路障的主要器械。

《墨子·备穴》中也有介绍，说凡是城池的防守都要准备蒺藜等。在地下坑道进出口的道路上，也要设置蒺藜，以防止敌人从地下突袭。可见，铁蒺藜在战国时期已经使用了。秦汉以后，铁蒺藜成为军队中常用的防御设障器材，除在城池四周、道路、防御地带铺设外，部队在野外驻营时，也在营区四周铺设。宋代以后，铁蒺藜的种类逐渐增多，如连缀在木板上的"地涩"，在水中铺设的"铁菱角"，在刺上涂敷毒药的"鬼箭"等。

金贞祐元年，即成吉思汗八年（1213年），蒙古军第三次攻打金国。成吉思汗率领蒙军主力与金军在怀来（今河北怀来东）、缙山（今北京延庆区）大战，打败了完颜纲、术虎高琪率领的十余万大军。蒙古军乘胜直抵居庸关北口（今北京八达岭）。金军得到消息后，加强了防守，用铁把关门封住，在关门以外撒布铁蒺藜百余里，严阵以待。成吉思汗避实击虚，只留下少量的兵力在北口（今北京八达岭）牵制金军，亲自率领大军迂回南下，夺取了紫荆关（今河北易县西北），攻克了涿州（今河北涿州市）。他还命令出使过金朝的札八儿火者作为向导，引导哲别带领的一队人马，从小路绕道袭击南口，占领南口后，南北夹击，夺取了居庸关。这次战役中，守卫居庸关北口的金军，使用了大量的铁蒺藜进行防守。

《宋史·扈再兴传》中也有使用铁蒺藜的记载：南宋嘉定十二年（1219年），金兵进攻枣阳，宋将扈再兴利用黑夜，偷偷地在枣阳城外密集铺设了大量的铁蒺藜。到了天快亮的时候，宋军假装败退，金军一看，急忙策马追击，结果十个人中就有七八个踩上铁蒺藜，损失惨重，金军败退。

到了明代，军队中更是把铁蒺藜当作士兵随身携带的守御战具。为了便于携带和收取，明代还生产出在中间穿孔的铁蒺藜，每4至10个用绳索连成一串，以便士兵带在身边。戚继光在训练戚家军时创立了鸳鸯阵，创新了武器装备，鸳鸯阵中的长牌手、藤牌手除了各配腰刀一口，在他们的长牌、藤牌上还要各带蒺藜10串，每串6个，用来铺设障碍物。明军在战船上也装备着大量的铁蒺藜，一般中型船装备 800枚，大型船装备1000枚。敌我双方交战时，投向敌船，使敌人在船上难于行动和作战。

总之，铁蒺藜由于制造简易，可以用竹、木制作，也可以用铁铸造，而且中间有孔的铁蒺藜用绳串联起来，携带方便、铺设收取简便，因此，两千多年以来，它一直作为战争中经常应用的防御设障器材，发挥着巨大的作用。

攻城器械——云梯

云梯是古代攻城作战时用来攀登城墙的攻城器械，也可用其登高观察敌情。

相传云梯是春秋末期鲁国的鲁班发明的。据说当时鲁班为楚王制造云梯等器械，是准备攻打弱小的宋国。墨子听到这个消息后非常着急，让他的大弟子禽滑厘带着300名精壮弟子去帮助宋国守城，自己则动身前往楚国，去劝阻楚王不要攻打宋国。墨子日夜兼程，走得鞋破脚烂，经过十天十夜的奔走，终于到达楚国的国都郢（今湖北省江陵县纪南城）。到了郢都后，墨子首先找到了鲁班，劝说他不要继续制作攻打宋国的武器。

被劝服后，鲁班带着墨子去拜见楚王。楚王虽然佩服墨子的口才，但不肯放弃攻打宋国的主张。

最后，墨子说："鲁班的意思，只不过是想要杀死我。杀了我，宋国就守不住了，就可以攻下了。可是我的学生禽滑厘等已经带领300人，拿着我的防守器械，在宋国城上等待楚国来进攻了。即使杀了我，也不能杀尽保卫宋国的人。"墨子的这番话，使楚王知道没有取胜的希望，于是被迫放弃了攻打宋国的计划。这就是"墨翟陈辞，止楚攻宋"的典故。

实际上，云梯在夏商周时期就有了，当时称为"钩援"。春秋战国时期，鲁班对它加以改进。这时的云梯由车轮、梯身、钩三部分组成。梯身可以上下仰俯，靠人力扛抬，倚架到城墙壁上；梯子顶端有钩，可用来攀附城缘，且守军不容易把它推倒；梯身的底部装有轮子，可以推动。唐代的云梯比战国时期的云梯有了很大改进：云梯底架用木头做成，下面安装有6个轮子，梯身以一定的角度固定在底架上，并在主梯之外增设了可以活动的"副梯"，副梯顶端装有一对辘轳，登城时，云梯可以沿城墙壁自由地上下移动，不再需人抬肩扛。（图4-11）

唐建中四年（783年），叛臣朱泚督率叛军攻打奉天城。唐将浑瑊带领将士日日夜夜守卫奉天城。朱泚攻打了一个月，也没有攻下来。这时朱泚着急了，就派人造了特别大的云梯攻城，云梯高阔数丈，

图4-11　云梯模型（中国长城博物馆提供）

云梯在古代属于战争器械，用于攀越城墙攻城。

用牛皮包裹，下面安装有大轮子。浑瑊想朱泚叛军的云梯一定是从地势平坦的东北方向进攻，于是下令士兵在东北城墙边，秘密挖好了坑道，坑道里堆满了干柴，在上面浇上酒和油，用土盖平。浑瑊还在城头准备好大批松脂火把。朱泚军推着顶部用湿毡蒙着、挂着水袋的云梯开始进攻。云梯下面的士兵开拓道路，两侧大军掩护。云梯逼近城墙后，叛军兵士纷纷攀着云梯往上爬，城外的箭像雨点一样射到城里，官兵死伤不计其数，眼看奉天城就要被攻破了。突然，云梯的一个轮子一偏，陷入坑道，不能移动。浑瑊立即命令暗道中的士兵点燃干柴，烧着的干柴冒出烟火，城头上的唐军又往下扔火把，顷刻间就把云梯烧着了，大火熊熊燃烧，云梯上的兵士被烧得焦头烂额，纷纷掉了下去，朱泚叛军被迫撤退，唐守军乘胜出击，斩首数千，保住了奉天城。

宋朝吸取了唐时的经验，采用了主、副梯用转轴连接的折叠式结构，降低了高度，增加了稳定性，而且云梯底部四面用坚韧的生牛皮包裹得严严实实，保障了推梯人的安全，也增强抵御守军箭、石破坏的能力。明朝以后，这种巨大笨重的云梯，因无法抵御新式火器的攻击，逐渐被废弃。

现代的云梯车与我们的生产、生活更加密不可分，其应用面更广泛、性能更加优越、灵活性更强、工作效率更高。我们常常看到云梯车用于消防灭火、应急抢险、高空设备安装、高空清洗、高层建筑家具搬运等一些高空作业。它不仅是保障人民生命安全的重要工具，也是我们日常生产和生活的得力助手。

京畿屏障

北京长城历史与文化

5

长城内外是故乡

　　长城是中国古代农耕民族防御游牧民族掠扰的军事防御工程，也是农牧两种文化的自然分界线，还是两种文明在冲突中融合、友好发展的纽带，因此说，长城内外是故乡。张骞出使西域、昭君出塞、文姬归汉等史实，充分证明了这一点。至今，这些故事仍家喻户晓，广为流传。

张骞出使西域——不辱使命

　　张骞出使西域，是指汉武帝时期，为了联合大月氏夹击匈奴，张骞被派到西域游说各国，共同打击匈奴的历史事件。（图5-1）

　　中国历史上的汉朝是继秦帝国之后建立起来的王朝，其北部以及西北等边境地区被蒙恬击败的匈奴，趁中原战乱的时机，逐渐强大并重新占领了被秦朝收复的河套地区，并且不断南迁进扰汉朝的边境。汉初的几十年，由于国库空虚、百姓生活困苦，特别是汉高祖七年（前200年）"白登之围"的惨败，汉室的刘氏政权再也没有对匈奴采取过大规模的用兵，主要以"和亲"的政策对匈奴进行笼络。

　　经过"文景之治"，汉朝的国库逐渐充盈，百姓生活宽裕，据《汉书·食货志》记载："京师之钱累巨万，贯朽而不可校。太仓之粟陈陈

图5-1　张骞雕像（汇图网提供）

张骞（前164—前114），字子文，汉中郡城固（今陕西省汉中市城固县）人，中国汉代杰出的外交家、旅行家、探险家，丝绸之路的开拓者。

相因，充溢露积于外，至腐败不可食。"意思是说国库的钱财有千百万，由于多年不动，导致串钱的绳子都朽断了；太仓里年年有陈粮，导致有些粮食因腐烂而不可食了。

公元前140年，汉武帝刘彻即位，他是中国历史上一位杰出的政治家、战略家。（图5-2）"惜秦皇汉武"里的"汉武"指的就是他。汉武帝刘彻登基时只有16岁。为巩固皇权，他进行了一系列政治、经济等方面的改革，使得国家的财力进一步增强。

凭借当时雄厚的物力财力，汉武帝在对待匈奴的问题上，一改以往以"和亲"为主的消极防御政策，计划采取积极有效的军事进攻，从根本上解除来自北方的威胁。

登基之初，武帝听到大月氏与匈奴有宿怨、想寻求盟友复仇的传言，便决定与大月氏建立联合关系。当时汉与大月氏之间西行的必经道路——河西走廊还处在匈奴的控制之下，于是汉武帝公开征募能担当出使重任的人。

此后，张骞便"以郎应募，使月氏"。"郎"，是皇帝的侍从官，没有固定职务，但随时可能被选授重任。张骞，汉中城固人。史书中关于张骞个人的资料很少，据说他是一个意志坚强、思维敏捷、能言善辩之人。

建元三年，即公元前138年，张骞奉命率领100多人，由

图5-2　汉武帝雕像（汇图网提供）

汉武帝刘彻（前156—前87），西汉第七位皇帝，政治家、战略家。

一个归顺的"胡人"堂邑父做向导和翻译，从陇西出发。

他在出使途中被匈奴截留下来，在匈奴生活了十多年，吃尽了苦头、受尽了折磨，但他始终保存着汉朝的特使符节。匈奴单于强迫他娶当地人作妻，并生了儿子，但这也没有动摇他寻找大月氏、完成任务的决心。他住在匈奴的西境，时刻等候机会逃离。

就在张骞被扣留的这段时间里，匈奴依然没有停止对汉朝边境的侵

扰。元光五年（前130年），匈奴攻入上谷，即现在的北京延庆区以及河北的怀来一带，杀掠百姓，汉武帝组织大规模反击，派遣卫青、公孙敖、公孙贺以及李广分四路出击，其中车骑将军卫青经北京西北的居庸关出兵上谷，一直打到龙城，匈奴祭天的地方，取得了自汉朝开国以来对匈战役的首次胜利。这次战役是汉朝对匈奴战争的转折点。元朔二年（前127年）匈奴又侵入上谷、渔阳等北京地区。汉武帝还是派卫青等出击，驱走匈奴的白羊王和楼烦王，收复河朔失地，并修复秦时蒙恬所筑长城，从此彻底解决了匈奴对长安的威胁。

至此，张骞终于找到机会率领部属逃离了匈奴。他们向西先后越过葱岭，到了大宛，由大宛通过康居，到了大夏。张骞终于找到了大月氏。但经过十多年的变迁，大月氏人由于生活环境等的变化已无意再与匈奴为敌。张骞在大月氏逗留了一年多，只好归国。回国途中，又被匈奴拘禁一年多。公元前126年，匈奴内乱，张骞乘机脱身回到长安。

张骞出使时带走100多人，历经13年后，只剩下他和堂邑父两个人回来。他"不辱君命""持汉节不失"，在戈壁蒙古草原上忍饥挨饿，艰难度日，却始终没有忘记汉武帝交给自己的神圣使命，坚定地为汉朝执行通使月氏的任务。

这次出使，虽然没有达到原来的目的，但使汉朝对西域的地理、物产、风俗习惯有了比较详细的了解，为汉朝开辟通往中亚的交通要道提供了宝贵的资料。史书上把张骞的首次西行誉为"凿空"，即空前的探险。

西域是指我国新疆天山南北及葱岭（即帕米尔高原）以西的中亚、西亚、印度、高加索、黑海沿岸，甚至达东欧、南欧。

公元前119年，汉武帝再次派张骞出使西域，先后访问了西域许多地区。西域各族政权也派人随汉使到汉朝答谢。从此，汉朝同西域的往来日渐频繁，西域的音乐、舞蹈、艺术，农作物如葡萄、苜蓿、核桃、胡萝卜等相继传入内地。内地的铸铁、凿井等技术也传到西域。汉朝同西域的经济文化交流，丰富了汉族与西域各族人民的生活。

后来人们沿着张骞的足迹，走出了享誉全球的丝绸之路。通过丝绸之路，中原文明迅速向四周传播。丝绸之路的开辟，不仅有力地促进了中西方的经济文化交流，而且对汉朝的强盛也起到了积极的作用。这条丝绸之路，至今仍是中西交往的一条重要通道。

丝绸之路开通后，往来的商旅不断受到匈奴贵族的进扰，安全得不到保障。于是汉武帝一面派兵清除沿路的匈奴势力，一面在秦长城的基础上向西修筑，直延伸到新疆的罗布泊地区。汉长城全长1万多千米，是中国历史上最长的长城。西北部的汉长城以列城、亭障、烽燧著称，这段长城在保障丝绸之路这条国际交通要道的安全上起到重要作用。

为了加强对西域的控制，汉朝于公元前60年，在西域设立了西域都护府，负责西域的相关事物。

为了和平——昭君出塞

图5-3　昭君出塞浮雕（汇图网提供）

　　昭君（约前52年—前19年），名嫱，字昭君，西汉南郡秭归（今湖北省宜昌市关山县）人，与貂蝉、西施、杨玉环并称"中国古代四大美女"。

　　昭君出塞指王昭君远嫁匈奴的历史事件。昭君远嫁至漠北的匈奴，成为匈奴呼韩邪单于的阏氏（阏氏，音焉支，意思是"王后"），为进一步发展和巩固汉与匈奴两族之间的团结友好关系做出了贡献，由此名垂史册，流芳千古。后来呼韩邪单于在西汉的支持下控制了匈奴全境，从而使匈奴同汉朝和好达半个世纪之久。民间有很多根据这个故事创作的诗歌、琵琶曲、戏剧、电视剧等艺术作品。（图5-3）北京延庆区南关村的民间舞蹈"跑竹马"展示的就是昭君出塞的场景，入选了北京地区的非物质文化遗产保护名录，每年的正月十五都要在花会上表演。

中国历史上，中原王朝与边疆的少数民族政权，往往通过互相联姻的方式缔结友好关系，以维护边境地区的稳定与和平。

汉朝初年，被秦朝的蒙恬击退的匈奴，趁着中原的楚汉之争，势力不断发展壮大，甚至占领了长城以南的山西、河北地区，兵力达到了30多万，对汉朝的北部边境形成了严重的威胁。

汉高祖六年（前201年），韩信谋反，勾结匈奴企图攻打太原。汉高祖刘邦亲自率领32万大军迎击匈奴，结果中了匈奴的诱兵之计。刘邦和他的先头部队被围困于平城白登山达7天7夜，后来，刘邦采用陈平的计谋，向冒顿单于的皇后行贿，才得脱险。这就是历史上的"白登之围"。（图5-4）

"白登之围"后，刘邦认识到仅以武力手段解决与

图5-4　汉高祖刘邦画像（李军朝·FOTOE提供）

刘邦（前256年—前195年），即汉太祖高皇帝，汉民族和汉文化的伟大开拓者之一，中国历史上杰出的政治家、卓越的战略家和军事指挥家。

匈奴争端的时机还不成熟。因此,在以后相当长的时期里,汉朝主要采取"和亲"政策笼络匈奴,维护边境安宁。出任和亲任务的大多是宗室的女子,后来也有宫女,先将其封为公主,然后再嫁给匈奴单于。除此以外,汉朝每年还送给匈奴大批棉絮、丝绸、粮食、酒等吃穿以及享乐用品。自此,汉与匈奴以长城为界,关系得到暂时缓和。

公元前54年,匈奴呼韩邪单于被他哥哥郅支单于打败,南迁至长城外的光禄塞下。为了壮大自己的势力,他积极向汉室示好,曾先后3次来到长安,并向汉元帝请求和亲,以结汉匈友好。经过考虑,汉元帝答应从自己的宫中挑选宫女王昭君嫁给呼韩邪单于。昭君出塞,嫁到匈奴后,被封为"宁胡阏氏",象征她将给匈奴带来和平、安宁和兴旺。后

图5-5 呼韩邪单于和王昭君雕塑(汇图网提供)

呼韩邪单于,西汉后期匈奴单于,公元前58年至公元前31年在位。

来呼韩邪单于在西汉的支持下控制了匈奴全境，从而使匈奴同汉朝和好达半个世纪之久，实现了匈奴人民向往和平的愿望。

王昭君17岁时被选入宫待诏，但数年未曾得到皇帝的召见。《后汉书·南匈奴列传》记载："昭君入宫数岁，不得见御，积悲怨……"其原因，是当时皇帝召见宫女，都是先看宫女的画像，有中意的才会召见。当时为宫女们画像的叫毛延寿，此人生性贪鄙，屡次向宫女索贿，宫女为得召见，大都倾囊相赠。昭君没有，为此，毛延寿故意把她画得很丑。等王昭君向汉元帝辞行时，昭君的美丽端庄惊呆了皇帝，皇帝很想将她留下，但为时已晚。元帝为此极为恼怒，还惩办了毛延寿。王昭君在汉朝和匈奴官员的护送下，骑着马离开了长安。她冒着塞外刺骨的寒风，千里迢迢来到匈奴地域，做了呼韩邪单于的妻子。（图5-5）

王昭君逐渐克服困难并适应匈奴的生活，与匈奴人和睦相处，将中原的文化传给匈奴，使匈奴和汉朝和睦相处了约60年。昭君死后被葬在大青山，也就是现在的呼和浩特市的南郊。（图5-6）

后世的人们根据昭君出塞这个历史事件，不仅创作了诗歌、琵琶曲等传颂，还将其搬上了戏剧的舞台、编

图5-6　昭君墓（安保权·FOTOE提供）

昭君墓，又称"青冢"，始建于西汉时期，是史籍记载和民间传说中王昭君的墓地，距今已有2000余年的历史，是中国最大的汉墓之一。

成了电视剧，使其家喻户晓，流传广泛。

　　中国历史上有"四大美女"，文学作品里，人们常用"羞花闭月"和"沉鱼落雁"来形容她们的美貌，其中的"落雁"指的就是王昭君。相传昭君告别故土，登程北去时，一路上马嘶雁鸣，使她心绪难平。她在坐骑之上，拨动琴弦，奏起悲壮的离别之曲。南飞的大雁听到琴声，

图5-7　北京市级非物质文化遗产——南关竹马表演现场（司达摄）

图5-8 "南关竹马"的演员(司达摄)

看到骑在马上的这位美丽的女子,竟然忘记了挥动翅膀,一下子跌落到地。从此,人们就用"落雁"来代称王昭君。

北京延庆地区还根据《昭君出塞》的故事编创出了"跑竹马"的舞蹈,表演的是汉室送亲、匈奴迎亲一路行进的情形。舞蹈的角色有18位,由男、女演员分别扮演,16个角色的出场和队列顺序分别为:头马1人、护卫2人、王昭君1人、侍女4人、送亲侯2人、兵丁6人、迎亲侯2人。表演时,演员做出乘骑的样子,追逐奔走。由于道具形象逼真,表演生动活泼,深受广大人民群众的喜爱。(图5-7)(图5-8)

同为"跑竹马"的民间舞蹈,但流传在北京怀柔区的"竹马"却有不同的内容。怀柔的"竹马"所表演的内容是萧太后打猎的故事。道具是用竹片扎成的战马。表演时多是8人骑马举鞭，走出各种图形，以紧锣密鼓伴奏，渲染围猎气氛，有女头马萧太后、男头马韩昌，以及萧天佐、萧天佑、马童、女兵等角色。怀柔沙田峪地区的"竹马"代代相传，已传约10代，内容和形式变化不大；怀柔后城街村的"竹马"，从内容到形式都有一定的变化发展，将"萧太后打猎"的内容改为"二度梅"，是表现奸臣严嵩逼迫陈杏元出嫁番邦的历史故事。旧时一般在祭祀活动时表演，中华人民共和国成立后成为集体娱乐活动。

思念故土——文姬归汉

文姬归汉是指东汉末年被迫嫁到南匈奴的蔡文姬，思念故乡，后被曹操用重金赎回中原的历史事件。

蔡文姬，名琰，字文姬，是东汉著名学者蔡邕的女儿。（图5-9）她自幼聪慧，在父亲蔡邕的影响教导下，不仅精通音律，而且饱读诗书。据说蔡文姬9岁时，其父亲蔡邕夜间弹琴，突然断了一根弦，蔡文姬听后说："是第二根弦断了。"蔡邕不以为然地说：

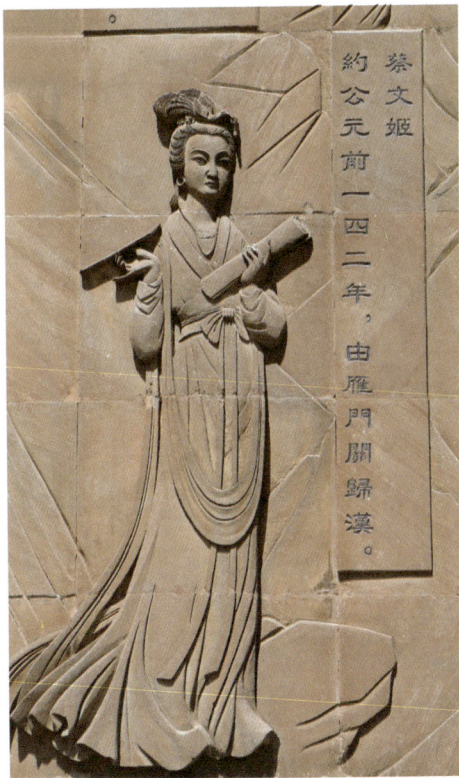

图5-9　蔡文姬浮雕（汇图网提供）

膻肉酪浆以充腹兮情所愿，羯羶为味兮枉遏我情。鞞鼓喧兮从夜达明，胡风浩浩兮暗塞营。

图5-10 《胡笳十八拍文姬归汉图》，宋，作者不详（佚名·FOTOE提供）

　　本图反映的是"文姬归汉"的故事。《胡笳十八拍》是蔡文姬创作的乐府诗，"中国古代十大名曲"之一，共18章，一章为一拍，故得此名。

　　"你这不过是偶然说中罢了。"于是又故意弄断第四根弦，又被文姬说中了，这就是"蔡文姬辨琴"的故事。她所作的乐府诗《胡笳十八拍》被誉为"中国古代十大名曲"之一，被郭沫若先生称为"自屈原的《离骚》以来最值得欣赏的长篇抒情诗"。（图5-10）

　　她与李清照、卓文君、班昭并称为我国"古代四大才女"。

　　蔡文姬的一生命运多舛，年轻守寡，其后搬回娘家，帮助父亲整理书籍，时间不长，其父因受董卓的牵连，被害身亡。期间正是中国历史的东汉末年，东汉王朝军阀混战，北方的匈奴乘机掠掳中原。当时在长安城，到处能够看到匈奴的骑兵烧杀掠抢，马前悬挂汉族男人的头颅，马后是强抢的汉族女人，场面惨不忍睹。作为罪犯家属的蔡文姬也未能逃脱噩运，她与成千上万的年轻妇女一起被掳掠到了南匈奴。由于她的美貌与出众的才华，她被匈奴的左贤王选为王妃，共

122

同生活了12年，并与左贤王生了两个孩子。在匈奴生活的十余年里，她饱尝了生活在异族、异乡、异俗中的痛苦，忍受了吃生肉、喝酪浆等习俗。苦煎苦熬的日子里，文姬常常思念故乡长安。她学会了异族语言，每当月夜，就卷芦叶而吹笳（一种今天仍流行于内蒙古的三孔气鸣乐器），来寄托对故乡的思念。她在诗中写道："我非贪生而恶死，不能捐身兮心有以。生仍冀得兮归桑梓，死当埋骨兮长已矣。"意思是说自己苟且偷安地活着，心里一直盼望有一天能回到生她养她的故土，能完成父亲未竟的事业。

　　曹操（图5-11）在东汉的军阀征战中打败了吕布、袁绍等割据势力，军事力量不断壮大，使得中国北方趋于统一。216年，他由魏公晋爵为魏王，实际上控制着中国北方的势力。曹操死后，他的儿子曹丕建立了中

图5-11　曹操雕像（汇图网提供）

　　曹操（155—220），字孟德，沛国谯县（今安徽亳州）人。东汉末年杰出的政治家、军事家、文学家、书法家，三国时曹魏政权的奠基人。

国历史上三国时期的魏国。实际上曹操是魏国的奠基人和开创者，只是迫于当时的舆论，他一直未敢登基称帝，而是采取"挟天子以令诸侯"的权术，掌握汉室王朝的真正实权。正是基于此原因，后世对曹操的评价褒贬不一，戏剧舞台上多把曹操演绎为奸臣。但事实上，曹操是一位具有文才武略的政治家。相传，曹操登高"必赋"，每赋"被之管弦，皆成乐章"。意思是说每当遇有大事，曹操都会有感而发，把自己的诗文配上乐曲演奏。他的《短歌行》里面的诗句"对酒当歌，人生几何？"至今广为流传。

曹操不仅自己写诗作赋，而且还广招天下文人墨客。他把文学看作是"经国之业，不朽之盛世"，认为文学不仅对治理国家重要，而且可以流传后世。在这样的背景下，他每每与人谈论文学时，总会提及恩师及挚友蔡邕，叹息蔡邕没有后人，惋惜蔡邕的文学书籍以及作品的失传。一个偶然的机会，他得知蔡邕的女儿还活着，但是早已被掠到南匈奴嫁给了左贤王为妻。曹操出于对蔡邕的情感以及他求贤若渴的性情，不惜重金，将蔡文姬从匈奴赎回到故乡。

左贤王当然舍不得把蔡文姬放走，但是不敢违抗曹操的意志，只好应允。但按照匈奴的习俗，子女不得随往。文姬爱子情深，不忍独返，但她执意归汉，离开在匈奴生下的子女时，不免心生悲伤。在这样的情形下她写出了《胡笳十八拍》："我生之初尚无为，我生之后汉祚衰。天不仁兮降乱离，地不仁兮使我逢此时……烟尘蔽野兮胡虏盛，志意乖兮节义亏。对殊俗兮非我宜，遭恶辱兮当告谁？笳一会兮琴一拍，心愤怨兮无人知……"由此道出了自己生不逢时所经历的社会动荡，以及委身匈奴的屈辱。

文姬归汉后，一是融合匈奴的乐器创作了《胡笳十八拍》，二是整理了她父亲收藏的书卷。

后来，她的故事被编入小说、戏剧等作品，广泛流传，著名的有程砚秋先生的京剧《文姬归汉》以及郭沫若先生的五幕历史剧《蔡文姬》等。（图5-12）

图5-12　《蔡文姬》剧照（载于1957年第4期《人民画报》）（胡浩 · FOTOE提供）

深明大义的三娘子

图5-13 三娘子雕像（汇图网提供）

三娘子（1550—1613），史称"钟金哈屯""也儿克兔哈屯""克兔哈屯"等，是土默特部首领俺答汗的妻子，因为明朝守边保塞而被敕封为忠顺夫人。

三娘子，生于明嘉靖二十九年（1550年），是蒙古瓦剌部哲恒阿噶之女，自幼不仅貌美，而且聪慧。（图5-13）成人后嫁给蒙古土默特部首领俺答汗，她凭借智勇兼备的才能，深受俺答汗的喜爱和信任。据记载，俺答汗为了扩张领地曾率军征伐瓦剌部，三娘子不顾自己有孕在身毅然随夫出征，出征期间，三娘子生下一子，取名卜他失礼。三娘子因这一举动，更受俺答汗的宠爱和器重。从此以后，无论大事小事，俺答汗对她总是言听计从。

俺答汗去世后，三娘子按照古代北方少数民族"收继婚制"的习俗，先后下嫁给三代汗王。其间，她从蒙汉两族边境发展的大局出发，极力主张蒙古各部落与中原友好往来，并于隆庆年间成功促成土默特部与明朝达成议和。同时她还凭借政治胆识以及手握的土默特部三分之一的兵权，维系了土默特部与明朝和睦相处几十年的安定局面。

三娘子出嫁之时，正值明朝政府与蒙古各部落的关系极度紧张的时期。此前，由于蒙古土默特部不守信义，一边打着称臣朝贡的名义骗取明朝赏赐，一边又背弃誓言出兵抢掠明朝边境，为此，明朝廷曾多次拒绝俺答汗"通贡互市"的要求，对蒙汉边境实施贸易制裁。俺答汗见"朝贡"不成，便亲率蒙古骑兵多次越过长城防线，劫掠边境百姓，甚至于嘉靖二十九年（1550年），发生了震惊朝野的"庚戌之变"。俺答汗的骑兵不仅疯狂劫掠怀柔、顺义等北京周边州府，还直逼北京城下，就这样前后进行了20多年连绵不断的战争，边境地区的两族人民饱受战乱之苦。俺答汗20多年的进扰活动不仅使人民流离失所，而且使农牧业生产荒芜萧条，这也是嘉靖时期的"北虏"边患。

俺答汗之所以向明朝廷提出"通贡互市"的要求，除了政治原因外，还有生活的需要。北方的少数民族生活在草原地区，以放牧为生，而草原上气候寒冷干燥，牧人平常以奶食品和牛肉为主，长此以往，身体因缺乏维生素产生了各种不适症状。缓解这些症状，需要用汉族的茶叶。茶中的多酚化合物能够起到解油腻、消除脂肪、促进消化的作用。即使是现在，茶叶也被牧人视为极其珍贵的商品，草原上的牧人们有"宁可三日无粮，不可一日无茶"的说法。

基于政治和生活的需要，早在唐朝就出现了中原封建政府用金帛或

图5-14　茶马互市场景模型（汇图网提供）

茶马互市起源于唐、宋时期，是中国西部历史上汉藏民族间一种传统的以茶易马或以马换茶为中心内容的贸易往来。明代的茶马贸易，主要还是与北部和西部的蒙古、藏等少数民族进行。

茶盐同少数民族交易马匹的场所，叫"马市""互市"，或"茶马互市"。此后历朝历代根据需要都会开设互市。据《大明会典》记载，明永乐初，甘肃设有同回族易马的互市，后又在辽东设三马市，用米、布、绢同少数民族换马。互市不仅满足了封建王朝对战马的需要，而且对维护中原和边境地区的安全与稳定起到了重要作用。（图5-14）

隆庆帝时打算重点解决困扰朝局多年的"北虏"问题，采纳内阁大学士高拱、张居正等人的建议，最终于隆庆五年（1517年）与蒙古俺答汗议和，历史上称为"隆庆议和"。议和的内容包含封赏和贡市：封俺答汗为"顺义王"，分别授予他的儿孙及部下官职，并在长城沿线的大同、宣府、张家口等地相继开设11处马市，以便蒙古族和汉族进行贸易。

另外还规定入贡的办法，即每年俺答汗的部族派出不超150人的贡使，其中60人有权进入京城，另外的90人在边境等候。贡马每年以500匹为限，分为上、中、下三等，按等给予马价，准许贡使用卖马所得的银子购买茶叶、布匹等物品。互市每年以一月为限，分官市和民市两种。互市的商品有蒙古的牛、马、毛皮、马尾以及中原汉族的绸缎、布匹、铁锅、铁釜等。市场里面由500名明朝的士兵维护秩序，市场外围由蒙古族派兵300人保护。

隆庆议和，使得长城沿线的多年战火暂时得以平息，长城内外的两族人民开始在一个和平的环境里，集中精力发展生产、重建家园。同时，通过互市的贸易交往，还客观上增进了两个民族之间的友好与融合。

作为俺答汗的王妃，三娘子极力支持并促成"议和"达成，史料记载她"佐俺答，主贡市"，并认真履行协议约定，维护来之不易的边境安宁。

万历九年（1581年），俺答汗去世，三娘子立即将这一消息告知明朝政府，并上贡以表示继续忠顺。明朝政府也立即派遣使者携带厚礼前来祭吊俺答汗。

此后，三娘子实际掌管着土默特部的实权，当时所有进出关口的人都必须携带三娘子签发的证件方可通行。三娘子还开始执掌兵权。可以说当时她的一举一动都会影响北方边境地区的局势。为此，明朝政府派人加强与三娘子联系，并且赏赐三娘子丝衣、彩缎、木棉布等贵重物品。

三娘子的深明大义还表现在尊重明朝廷的建议，牺牲个人的婚姻生活与俺答汗的长子黄台吉成婚。根据北方少数民族的"收继婚制"，汗王父亲去世后，继承王位的儿子可以娶先王妃也就是自己的继母为妻。依照旧俗，黄台吉想娶继母三娘子为妻，遭到三娘子的强烈反对，为此她还率领俺答汗生前赐给她的1万自卫军出走。后被明朝派去的大臣劝说，最终同意与黄台吉成婚。随后，明朝政府封黄台吉为"顺义王"，三娘于再次被封为"忠顺夫人"。在辅佐黄台吉期间，她多次劝说黄台吉不要挑起边境事端。

1585年，黄台吉病逝，他的长子扯力克自立为王。本来，三娘子想把自己手中的王印和兵符传给自己的儿子卜他失礼，以便卜他失礼继承汗位。不过最终三娘子权衡利弊之后，还是将王印传给了扯力克，自己别居他处。但又是在明朝政府的规劝下，扯力克舍弃妻妾，与三娘子合帐成婚。两年后，扯力克正式成为"顺义王"，而明朝政府再次诏封三娘子为"忠顺夫人"。但扯力克继承王位后，不思进取，常年不理政事，部族里的大小事务全由三娘子处理。为此，明朝政府经常给予三娘子丰厚的赏赐。三娘子对此非常感激，曾经多次向明朝政府表示子孙部族将世代为天子守边。

有记载说，三娘子非常仰慕中原的风尚，经常亲自前往明朝边关宣化镇吴兑的军营走动，关系非常融洽。吴兑是浙江绍兴山阴人，当时任蓟、辽、保定的军务总督，其职责既要做好军事防御，又要维护好互市的秩序。万历十年（1582年），为了加强北京西北的长城军事设防，整修了八达岭关城。

开通互市之初，由于市场管理缺乏规范，经常发生俺答汗部的人偷马等不良事件，吴兑除对其施以惩戒外，还声明：以后再来偷盗，就闭关停市。但仍不能杜绝此类事件的发生。

他一面派兵严惩，一面继续做俺答汗的工作，他了解到俺答汗年龄已大，而且多病，许多重大事情都是由三娘子裁决。于是，吴兑便加强与三娘子的联系。边境交锋时，他直接找三娘子处理。他还多次邀请三娘子到军中做客，并赠送中原贵妇穿戴的八宝冠、百凤云衣等物品给三娘子。

万历四年（1576年），吴兑还邀请自己的朋友、江南才子徐渭来宣府镇做客。徐渭途经北京西北的关沟，过八达岭长城时有感而发，后写下了诗句《八达岭》："八达高坡百尺强，迤连大漠去荒荒。舆幢尽日山油碧，戍堡终年雾噗黄。"道出了长城的雄伟壮观以及戍守长城的艰苦环境。（图5-15）

当徐渭见到三娘子率众来贡以及演武、射猎的盛况时，更是感慨不已，用诗词赞叹道：汉军争看绣裲裆，十万弯弧一女郎。唤起木兰亲与较，看他用箭是谁长。他将三娘子比喻为花木兰，评论她飒爽英姿，武艺高强，堪称女中豪杰。

图5-15　徐渭画像（宝盖头·FOTOE提供）

徐渭（1521—1593），汉族，绍兴府山阴（今浙江绍兴）人。明代著名文学家、书画家、戏曲家、军事家。

1613年，三娘子逝世，她被葬在福化城，即美岱召，位于今内蒙古自治区土默特右旗。

三娘子极力维护封贡，认真履行"隆庆议和"达成的协议，严格约束部下的行为，致力于维持长城沿线的和平与安定，发展长城沿线的互市贸易，得到了明朝廷和当地蒙古族人民的认可和拥戴，在历史的长河中留下了不可磨灭的功绩。

京畿屏障

北京长城历史与文化

6

北京长城的价值与魅力

中国古长城　雄伟八达岭

　　八达岭长城是明长城的精华和杰出代表，以雄伟壮观闻名于世，享有"中国古长城，雄伟八达岭"之美誉。（图6-1）（图6-2）

　　1961年，八达岭长城被国务院列为首批全国重点文物保护单位。（图6-3）1982年，又被国务院列入全国重点风景名胜区。1987年，中国长城列

图6-1　八达岭长城南峰（远景）（汪晓峰摄）

图6-2　八达岭长城北峰（远景）（卢子彤摄）

图6-3　八达岭长城全国重点文物保护单位标识（卢子彤摄）

入世界文化遗产名录，1991年，八达岭长城代表中国长城接受了世界文化遗产证书。2007年，八达岭长城景区被评为首批国家5A级景区。"不到长城非好汉"，迄今为止，已有2亿多中外游客到八达岭长城参观游览，先后有500多位世界各国元首、政府首脑到此参观。八达岭长城不仅在弘扬长城文化，开展爱国主义教育中发挥了积极作用，而且还成了中国对外交往的文化名片。

美国前总统尼克松于1972年2月24日游览长城后感慨道：只有一个伟大的民族才能建造这样一座伟大的建筑！

八达岭长城位于北京西北延庆区南部军都山的山口、关沟古道的顶端。这里山峦重叠，形势险要。古人有"居庸之险不在关城，而在八达岭"之说。这里依山势修建的长城气势磅礴，延伸于群峦峻岭之中，视野所及不见尽头。古人在陡壁悬崖上凿刻有"天险"二字，可见八达岭的地势险要以及军事重要性。（图6-4）

明朝为了加强京师的防御力量，在北京北方修筑了两道长城防线，即内、外长城。内长城由"北京结"向西南经过北京的（居庸关）八达

图6-4　八达岭"天险"石刻（卢子彤摄）

八达岭是居庸关的前哨和保卫北京的重要屏障，在其山间刻"天险"二字，道出了八达岭的险要。

图6-5　关沟（汪晓峰摄）

位于北京市西北昌平区、延庆区境内，长约18千米。关沟也是古代兵家必争之地，八达岭长城位于关沟西北山梁，居庸关关城横跨关沟河。

岭，进入河北，经紫荆关、倒马关，进入山西境内，经雁门关、宁武关，在偏头关附近的老营堡白羊岭和外长城汇合。

而八达岭长城属于明长城的内长城，其作用是保卫明朝的京城和皇陵。

不仅如此，明朝在由西北通往京城的交通要道——关沟中，又增设了八达岭、上关、居庸关、南口四道防线，构成了一个完整的关沟军事防御体系。在关沟军事防御体系中，八达岭长城处于关沟古道的最北端。（图6-5）

早在金代，八达岭关城的东北侧曾建有望京楼以及望京寺等，可惜这些古建筑早已不复存在，但在八达岭关城的东门外，尚留有"望京石"。巨石原高2米（后因修高速公路将地基抬高）、长7米。因站在此

图6-6　望京石（卢子彤摄）

石上朝南望去，关沟峰峦叠翠，山峰浮云变幻莫测，天气晴朗的日子，还可望见百里之外的北京城，故名"望京石"。又传1900年八国联军侵占北京，慈禧太后与光绪皇帝一行西逃，逃至八达岭，慈禧曾站在此石上回望京城，伫立良久，不愿离去，一想到此番西去不知何日才能返京，不禁黯然落泪，因此得名"望京石"。（图6-6）

　　"八达岭"的名字最早出现在金代诗人刘迎的《晚到八达岭下达旦乃上》一诗里，从题目上不难看出上八达岭的艰辛。作者是当天晚上来到八达岭的山下，走了一晚上路，"达旦乃上"，即第二天早晨才到达八达岭的山上。

　　关于"八达岭"名字的由来有多种说法，在这里介绍三种：第一种是从字面上看"八达岭"即"四通八达的山岭"，而"八达岭"这三个字在蒙古语中也是"险峻山岭"之意。第二种说法是"把守鞑靼（蒙古的一个部族）的山岭，取'把鞑岭'的谐音"。第三种是依据明代蒋一葵的《长安客话》说，"路从此分，四通八达，故名八达岭"，意思是由于这里南通北京，北往延庆，西面通向宣化、张家口，道路四通八达，故称八达岭。

八达岭长城历史悠久，文化底蕴深厚，见证了历史上的王朝更迭等许多重大事件。第一位帝王秦始皇东临碣石之后，从八达岭取道大同，再驾返咸阳。辽、金、元帝王入主中原以及他们北巡的"两都制"、明清帝王亲征等，八达岭都是必经之地。

"两都制"出现在少数民族建立的辽、金、元时期，他们出于政治上的考虑和生活方式的需要，每年四月，皇帝从北京前往北方的陪都巡幸，秋后再回到北京，"岁以为常"，每年如此。比如，元世祖定都北京后，把北京称为大都，把原来的旧都（内蒙古自治区锡林郭勒盟正蓝旗）称为"上都"。皇帝和政要每年都要经八达岭关沟这条驿路往返大都与上都，旅途中各宫廷机构随扈办公，处理和决断军国大事。当时的驿路绝对堪称一幅绝妙的历史画卷，有诗写"上都避暑频来往，飞鸟犹能识衮龙"，比喻北巡频繁，使得飞鸟都认得出皇帝。由于关沟是皇帝往返的必经之路，因此也就得到了重点开拓。于是这里大兴土木，拓宽道路，山高险要路段刻佛像于崖壁，建寺庙于道旁，祈求神灵保佑。正是由于此原因，现如今在关沟中形成了著名的"七十二景"。当时最大的一座建筑是大宝相永明寺，寺内建有花园以及皇帝下榻的行宫和壮丽的过街塔，这些精美的建筑大多早已不存在了，只留下了过街塔的塔基，便是今天我们看到的居庸关里的"云台"。(图6-7)(图6-8)

八达岭长城不仅文化底蕴丰厚，而且建筑雄伟。这主要归功于当年戍守八达岭长城的将领们，他们在长城的设计施工，从位置走向的确

图6-7 居庸关里的"云台"（汪晓峰摄）

位于北京市昌平区南口镇北的居庸关关城内，始建于元代，是元代大型过街喇嘛塔的基座。

图6-8 居庸关里的"云台"俯瞰图（汪晓峰摄）

139

定，到防御设施、烽燧预警、后勤补给等系统的配置等方面都巧妙地利用地形地势，因地制宜。其构思的精巧合理、施工的艰苦卓绝，都令人叹为观止。

长城由于军事防御的需要，一般都是由关城、墙体、敌楼以及烽火台等建筑设施组成。

关城是长城沿线重要驻兵据点，多设置在长城的咽喉要道。一般为与长城墙体相连的封闭性城垣，根据关城大小和地形设置二或四个城门。

八达岭关城也不例外，它设在由西北通往京城的交通要道之上，修建于明弘治十八年（1505年），距今已有500多年的历史。明嘉靖和万历时期由于军事的需要又对关城进行了整修。关城内设有察院公馆、守备署以及东南兵营等守城部队办公用房及营房。另外，关城设有东西两个城门。"北门锁钥"是明万历十年（1582年），由总督蓟、辽、保定军务、兵部尚书兼都察院左副都御史吴兑等官员题写。把这座关城誉为"北门锁钥"充分说明八达岭长城的重要。（它也是八达岭长城标志性建筑的重要部分）

"北门"指的是京师的北大门，"锁钥"形容八达岭长城的坚固和险要，就像一把牢不可破的大锁，锁在这里。只要守住此关，京城就可万无一失。

八达岭关城的东门"居庸外镇"，整修于明嘉靖十八年（1539年）比西门"北门锁钥"的时间早43年，由当时的御史陈豪题写。

八达岭关城受地形的影响，西高东低、西宽东窄，面积仅有5000平方米。由于这里易守难攻，因此，古代平常驻兵不多。据史料记载，嘉靖年间八达岭守军只有53人。守城部队的士兵大多驻扎在西北三里处的岔道城。

图6-9　八达岭长城北峰墙体（汪晓峰摄）

　　关城东西两门相距63.9米。古时，城门安装有巨大的双扇木门。平时，大门敞开，行人商旅自由出入；战时城门紧闭，严实坚固，一旦发出反击号令，城门洞又是千军万马发起冲锋的出口。倘若敌人攻破关城城门涌入城内，将受到四面守城将士的围歼，敌人如落瓮中，真可谓"关门打狗、瓮中捉鳖"，敌人只能束手就擒。

　　八达岭长城以关城为基点，分为南、北两峰，北峰可供游览的长度是2565米，其中敌楼12座、烽火台1座。南峰可供游览的长度是1176米，其中敌楼7座、烽火台1座。（图6-9）

八达岭的烽火台建在南、北3楼长城的外侧，分别被称为西山御戎墩和东山平胡墩。烽火台是古代用来传递军情的，如遇敌情，白天燃烟称燧，夜间点火叫烽。人们常用"烽火连天，狼烟遍地"来形容战时情景。（图6-10）（图6-11）

八达岭长城的墙体平均高7.8米、宽6.5米，由于防御的需要，

图6-10　八达岭烽火台之西山御戎墩（南）（八达岭特区办事处文管科提供）

图6-11　八达岭烽火台之东山平胡墩（北）（八达岭特区办事处文管科提供）

墙体上又建有垛口墙、女墙以及瞭望孔、射孔等建筑设施。

八达岭长城的墙体除设计科学、工艺精湛外，用料也很考究。墙体两面全部包砌花岗岩石条。墙体内先用泥土、石块填平，再用夯石筑实。墙的上面铺三四层方砖封顶，再用糯米汁拌石灰灌缝，这样使得城墙三面风雨不透，不生杂草，坚固耐用。八达岭长城的顶面平坦宽阔，可以"五马并骑，十人并进"，更便于行走和战斗。

不仅如此，八达岭长城从关城城台到南峰的最高处南4楼，海拔803.6米，城墙长685.8米，高度上升142.4米。特别是南3楼至南4楼之间，山脊狭窄，山势陡峭，是长城最险处，坡度约为70度，几乎是直上直下。北7楼的前面是断崖，此处的长城并没有和北8楼的长城连接，而是利用天然的山崖作为防守，充分体现了修筑长城"因地形，用险制塞"的原则。(图6-12)这种高低起伏、落差悬殊的地形，成就了长城的雄

图6-12　八达岭长城北7楼及前面的断崖（汪晓峰摄）

图6-13　八达岭长城北5楼（卢子彤摄）

伟险峻之名。

八达岭长城不仅墙体雄伟壮观，而且敌楼也各具特色，是世界认知中国长城的窗口。

北5楼仿无梁殿的形制，分上下两层，从券门进入敌楼一层，好像进入无梁殿，内部有许多券洞，构造十分巧妙。（图6-13）楼呈方形，每面四行砖垛，每垛之间都用券顶相拱联，共约30个券洞，是券门最多的楼。北6楼是天井形制的建筑。内部不用木料，全部是砖结构。楼顶是方形的天窗，守城士兵可从天窗登梯到台顶巡视。八达岭的故楼中有两座建有铺舍。铺舍是建在二层楼上的小屋，用清水磨砖建造，硬山顶，雕窗红柱，小巧玲珑。据说是当年为这里的最高长官守备而建。

八达岭长城中的"好汉坡"位于北7楼的断崖与北8楼之间，这里的长城地势险要，距离关城也远，登上这段长城需要消耗很大体力，因此这段长城被称为"好汉坡"。据石刻资料记载，万历十年（1582年）由来自山东济南卫、青州左卫的"客军"修建了长城上的"好汉坡"。毛主席的诗句"不到长城非好汉"使得更多的人想登临长城，当一回好汉，同时更想登上"好汉坡"去体验一下做好汉的感受。不仅是中国人，就连外国朋友也都理解这句话的含义。当年尼克松的夫人游览八达岭长城时曾问陪同的陈毅同志，为什么是"好汉"而不是

"好女"呢？引得在场的各位贵宾哈哈大笑。（图6-14）

北8楼海拔高达888.88米，是八达岭长城的最高峰，也是长城的最佳观赏点。人们在这里可以看到长城与大山的完美结合。长城苍古雄奇，大山挺拔俊美。

图6-14　八达岭"好汉坡"上的"好汉石"，是八达岭长城的最高点，海拔888米，位置在北8楼（卢子彤摄）

1952年，郭沫若同志提议保护文物，修复长城，向国人开放。八达岭长城是最早修复并对外开放的旅游景区。从20世纪50年代开放至今，已累计接待中外游客2亿多人次，举办大型活动上千次，除艺术节、文化节等艺术活动外，还有大型体育赛事、登山节、亚运会及奥运会比赛等。特别是每年的元旦登山节，已经成为家喻户晓的活动。

早在19世纪，八达岭长城就被介绍到欧美等国家，改革开放初期，外国游客中流传着"不吃烤鸭，不到长城，就不算到中国"的说法，在他们的心目中，长城早已成为中国的代名词。尼克松、伊丽莎白二世、普京、奥巴马等500多位世界各国元首和政府首脑曾到八达岭参观游览，他们在这里留影、题词，赋予了八达岭长城独有的"元首文化"。八达岭长城不仅是国家重要的礼宾场所，还是我国对外交往的名片，被钱其琛同志誉为"新中国外交史上的丰碑"。

北京延庆——民族聚居融合区

　　延庆区位于北京西北，地处长城北侧，是草原文化与农耕文化的交汇处，曾是多民族聚居融合的地方。区域内炎黄阪泉之战遗址、全国唯一的山戎族文化陈列馆、"千古之谜"古崖居、历代修建的长城，充分证明了民族聚居融合的事实。

　　山戎文化陈列馆1990年6月1日正式对外开放，是国内第一座以古代少数民族文化命名的陈列馆。（图6-15）馆区展示的是北京地区春秋、战国

图6-15　山戎文化陈列馆外景（范学新摄）

　　位于北京延庆区张山营镇玉皇庙村东向阳的山坡上，距北京城区74千米。

图6-16　山戎文化陈列馆内景（范学新摄）

时期的山戎文化遗存。（图6-16）

　　此处出土的文物有陶器和青铜器。青铜器包括兵器、车马具和装饰器等。山戎的青铜容器，无论是制作技艺还是器物形状，都明显地表现出山戎文化的土著特色及燕国等中原文化的元素，可以让人们清楚地看到两种文化发生接触、碰撞、交融的情况。（图6-17）（图6-18）（图6-19）

　　秦朝时期，延庆地区属于上谷郡（今河北怀来、北京延庆等地），汉武帝时匈奴分东西两线向汉边境进攻。位于东线的上谷地区，遭到了

147

图6-18　铜盘，延庆区山戎文化陈列馆馆藏青铜容器
（范学新摄）

图6-17　青铜短剑，延庆区山戎文化陈列馆藏青铜器（范学新摄）

图6-19　铜匜，延庆区山戎文化陈列馆馆藏青铜容器
（范学新摄）

匈奴的凶猛进攻，汉朝不得已放弃了包括上谷及其以北大片土地，把吏民都迁到居庸关内，只在居庸关一线屯兵防守。

　　唐贞观八年（634年），延庆地区改名为妫川（含今怀来、涿鹿一带），后又设妫州郡，所以，延庆又称妫州、妫川。

　　宋辽时期，延庆一带归属辽国。

　　延庆是蒙古高原通往华北平原的必经之路，是辽、金、元三朝"两都制"巡查途中休息驻跸的地方。元朝时期的首都是大都，位于燕山南麓，即今天的北京。元上都是陪都，位于今内蒙古自治区锡林郭勒盟正蓝旗，在燕山北麓。当时往来两都的驿路有四条，除一条走密云的古北口外，其余三条都要经过延庆地区。特别是皇帝专用的"辇路"，从大都出发，经关沟，过居庸关，上八达岭后，继续北上，经延庆区南部以及东北部的旧县镇，从黑峪口上山，翻山越岭，进入草原，在牛群头与驿路汇合后，直达上都。

为此，延庆遗有三朝驿路。辽国的萧太后（萧绰）曾多次驻跸延庆，留下许多遗迹，如应梦寺、养鹅池、羊坊等。（图6-20）

图6-20　雾中应梦寺（司达摄）

应梦寺遗址位于延庆区张山营镇靳家堡北山山顶，距延庆城区约18千米，为延庆区级文物保护单位。

元朝的元仁宗名叫孛儿只斤·爱育黎拔力八达，就出生在缙山县的香水园（今沈家营镇下花园一带）。他即位后，便将缙山县升格为龙庆州。延庆的著名旅游景区龙庆峡也因此而得名。（图6-21）（图6-22）（图6-23）

图6-21　龙庆峡风景（范学新摄）

龙庆峡位于北京市延庆区城东北10千米的古城村西北的古城河口，距北京城区85千米。古称"古城九曲"，被人们誉为北京的"小漓江"，是北京十六景之一。

150　　图6-22　龙庆峡夜景（贺旭东摄）

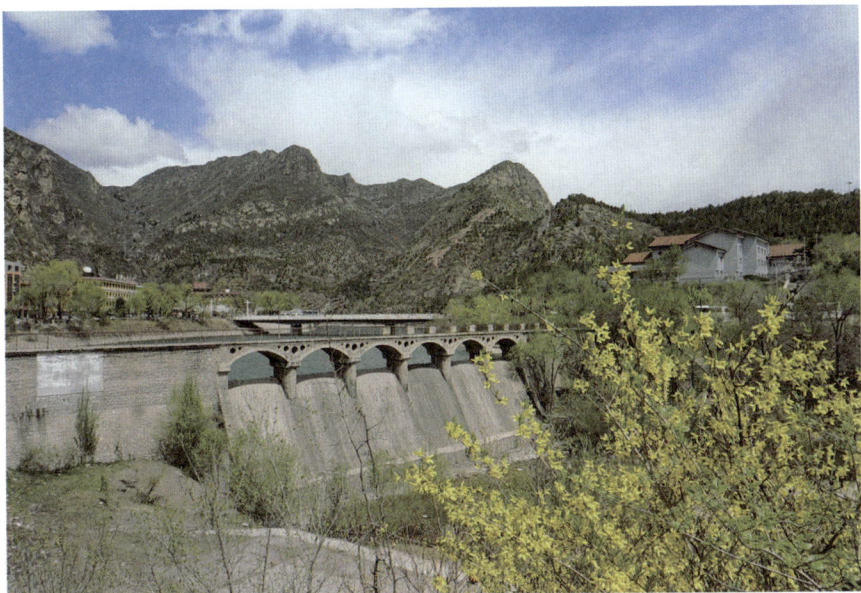

图6-23　龙庆峡水库大坝（郑严摄）

明朝初期，朱元璋为了防止元兵卷土重来，决定把山后塞外民人迁徙到居庸关以南，这样既可充实内地人口，发展生产，又可坚壁清野，使蒙古兵无所掠获。明朝这一举措的实施使得延庆地区荒废了40余年。

明永乐十二年（1414年），明成祖朱棣第二次征漠北回军途中曾驻跸团山（位于旧县镇），认为妫川一带土地肥沃，又具有军事价值，决定设立隆庆州。这时的"隆庆州"为兴隆的"隆"，与元代"龙庆州"中的"龙"不同。

明成祖下旨建隆庆州后，赵羾奉旨率领谪贬官员和囚犯，迁移外地百姓，重建了隆庆州。

延庆在正德和嘉靖年间，多次遭到游牧民族的进扰。为了加强防御，区域内除八达岭长城外，还分布有多道长城，长城长度达179.2千

151

米，是北京地区现存明代长城长度最长的区域，而且保存完整、设施完备，形制多样，是明代北方军事防御体系的重要组成部分。

明隆庆元年（1567年），明穆宗（朱载垕）即位，为避皇帝年号（隆庆）讳，遂将隆庆州改为延庆州。从此，"延庆"二字作为地名，一直沿用至今。

作为民族融合区的延庆，其民俗文化中有许多与长城文化有关。

图6-24 双营古城航拍图（汪晓峰摄）

双营古城是延庆区现存唯一的原生貌古城，位于延庆城区东北5千米处，土城墙结构，1993年被定为县级文物保护单位。

明代时延庆大部分地区都是军屯或民屯，屯子里的军民平时农耕，一旦发生战争随时可战。因此延庆地区的村名，带"营"字的就有60多个。其原因是这些"营"字村落都是由长城防御体系衍生而来并沿用至今。

比如双营古城，修建于明嘉靖时期，是华北地区现存唯一较为完好的原生风貌土城墙结构的古城，也是现存较完整的明代土城。（图6-24）（图6-25）（图6-26）

图6-25　双营古城东门（汪晓峰摄）

图6-26　双营古城西门（汪晓峰摄）

153

关于双营村名的由来有多种传说，多与军营有关。第一种是说因城内曾驻有东西两营兵马，村子西南角原来还有很大的饮马、洗马的马家坑，后被村民填平后修建了民房。第二种是说因山西双营村移民至此而得名。双营村村名的真实来历，由于年代久远，现已无法考究。

此外，延庆还有很多带"屯"字和"堡"字的村名，也多是这种情况。

另外，延庆饮食文化中的火勺、"打傀儡"、月饼的由来也都与修长城或作战有关。

延庆的火勺，相传源于秦始皇时期修筑长城的老百姓带的干粮，其特点是便于携带和保存。据说20世纪80年代，延庆的老辈人出门串亲戚

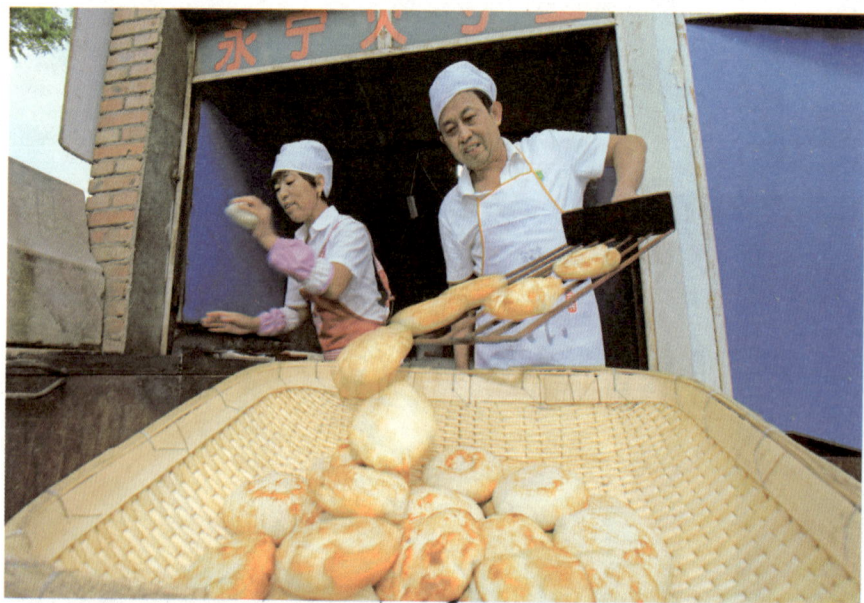

图6-27　延庆特色火勺制作场面（司达摄）

延庆区"十大特色文化遗产"之一，用天然的火炉烘烤而成，里面有瓤，且有椒盐的香味。

都要带上10~20个火勺，自己路上吃
或者当作礼品送给亲戚。火勺是一种
用火先烙后烤的面食，类似烧饼，保
质期为1~2个月，且随时都可以把它
放入饼铛里加热，味道如初。现在的
年轻人喜欢把铁板烧、生菜、蘑菇、
豆皮、鸡排、鸡蛋等夹在火勺里面，
也有的夹上猪头肉，或者油饼、辣
片等，味儿特别香。2011年延庆评选
"十大特色文化遗产"，火勺以第一
名入选。(图6-27)(图6-28)

图6-28　延庆特色火勺（延庆博物馆
提供）

延庆的"打傀儡"，也是深受人
们喜爱的主食，它是用面和土豆丁两
种食材制作而成的。相传明朝中期，
有一天中午，蒙古族大将奎雷，率领
大军越过宣化，逼近延庆。明军正准
备点火做饭，突然来报说："奎雷的
大军快到啦！"伙夫一听着急了，慌
忙把切好的土豆丁倒进面粉里，用木

图6-29　延庆特色主食"打傀儡"
（千龙网提供）

北京昌平、延庆地区农村主食的一
种。由白面、莜面、豆角、土豆等制成。

棍搅拌几下后，放在开水锅上蒸了几分钟，就赶紧端出来给每个士兵盛
了一大碗，士兵们一边行军一边吃，很快就吃完了，并且打了胜仗。回
来后士兵们急忙问伙夫："中午吃的叫什么饭？"伙夫随口一说："打
奎雷！"后来，这种烹饪方法便流传开来，取名"打傀儡"。(图6-29)

另外，北京延庆基于赵羾创建隆庆州和谭纶指挥修建延庆地区长城
的功绩，于2015年将赵羾和谭纶的画像设计成门神年画，进行宣传和推

广。赵羾、谭纶均为明朝著名将领，为保护古时延庆地区的安定做出了突出贡献，历史评价很高。赵羾，字云翰，监督创建了隆庆、永宁诸城，推进了延庆的建设和发展。谭纶，字子理，对八达岭长城防御体系建设做出了巨大贡献。他采用了蓟镇总兵戚继光的建议，在昌镇长城上指挥修建了空心敌楼，使八达岭长城的军事防御能力进一步提高。以赵羾、谭纶二人作为延庆独有的门神，是对延庆历史文化的保护和传承，也为展示延庆文化和旅游形象打造了一张新名片。（图6-30）

图6-30　以赵羾和谭纶作为延庆的特色门神（范学新提供）

"爱我中华，修我长城"

1984年，为唤醒人们的文物保护意识，激发全民的爱国热情，《北京晚报》、八达岭特区办事处等联合举办了"爱我中华，修我长城"社会赞助活动。

北京长城作为中国古代的军事防御工程，距今已有几百年的历史，由于自然因素和人为因素，早已断壁残垣，满目荒凉。中华人民共和国成立后，党和政府高度重视长城的保护与维修工作。

1950年，政府发布文物保护令、指示、条例，将长城作为重点项目进行保护，制定了"全面保护、重点维修、重点开放"的长城保护方针。

1952年，时任政务院副总理的郭沫若同志提议：保护文物，修复长城，向国人开放。八达岭长城是北京地区乃至全国保护和开发利用最早的长城段。在修缮过程中，罗哲文、郑孝燮、朱希元等文史古建专家多次到八达岭踏查勘测，并提出了科学严谨的修复方案。为保持长城原貌，修缮完全采用原始方法，所用的石头都是就地取材。砖块一部分来自长城本来的墙砖，一部分按照现存实物原状规格重新定制方砖、条砖、异型砖等。砌筑采用古人修长城所用的传统白灰浆，而不是现代的水泥和混凝土。封护垛墙顶部时，均采用传统青灰浆加细麻刀，不掺杂现代的工艺手法，以确保修缮后的风格与原有长城相统一。当时修复开放的八达岭长城是南、北4楼之间的1200米的长城段。

1954年，周恩来总理陪同时任印度总理的尼赫鲁游览了八达岭长城。从此，北京的八达岭长城成为国家对外交往的名片。当时送给联合国的挂毯，也是以八达岭长城为题材。不仅如此，以雄伟壮观的八达岭为题材的巨幅画作，还挂进了人民大会堂的会客厅。

1961年，第一批全国重点文物保护单位公布，山海关、居庸关八达岭、嘉峪关三处入选。

1984年，邓小平提出"爱我中华，修我长城"的号召，使长城的保护维修工作进入了一个划时代的阶段。国家提出对多处重点地段的长城进行维修，不仅包括北京的八达岭、居庸关、慕田峪、司马台等处，还包括天津的黄崖关，河北的山海关老龙头、金山岭、马兰关，辽宁的九门口、虎山长城，山西的雁门关，陕西的镇北台，甘肃的嘉峪关、玉门关、阳关等，要求或扩大维修范围，或新修开放，或加强保护措施等，以重现古长城雄关风貌。

据相关资料记载，此次社会赞助活动始于1984年7月5日，《北京晚报》的头版头条登出了题为"北京晚报、八达岭特区办事处等联合举办'爱我中华，修我长城'社会赞助活动"的启事。

1984年9月1日，时任中共中央顾问委员会主任的邓小平同志欣然为此次活动题词"爱我中华，修我长城"。9月2日，邓小平同志的题词在晚报上发表。就这样，一个自下而上又自上而下的保护长城的赞助活动，一时间在大江南北、长城内外引起巨大反响，应者云集，并成为新中国成立以来影响最大、规模最大、效果最好的社会赞助活动。（图6-31）

这次赞助活动的影响遍及全世界。在国内，全国30家新闻媒体对这

图6-31　1984年，北京修复八达岭长城现场（王文澜·FOTOE提供）

次活动做了宣传报道。国际上，美国《纽约时报》《华盛顿邮报》，日本、法国、丹麦等国家的报纸纷纷在最显要的位置撰文宣传。科威特国家电视台利用最佳播放时间向全国播放赞助活动的专题节目。瑞典新闻工作者亲自到长城采访、录像，并向瑞典人民播放。

在赞助活动中，国内30多个省、自治区、直辖市，以及港、澳地区共数千万人踊跃赞助，赞助单位达650个。其中，贵州省以3000万人民的名义赞助了这项活动。国际上，美国、日本、法国、联邦德国、加拿大、瑞典等26个国家的友好人士和爱国侨胞也参加了赞助。据统计，从7月5日到11月中旬，各地赞助款源源而来，赞助总额已达320万元，仅八达岭特区办事处20天内就收到赞助款70万元。

除了直接赞助资金外，各单位还开展了各种类型的义演、义卖、义

图6-32　八达岭景区内邓小平同志题词纪念碑（卢子彤摄）

赛、义务门诊、义务献艺等活动，形成了巨大的影响。在国内赞助者中，有中央和北京市的领导同志，有高级知识分子，有著名书法家、艺术家，也有普通干部、工人、农民、解放军指战员和学校师生等。

　　1984年7月27日，八达岭长城第一期修复工程拉开帷幕，八达岭长城北7、北8城台和北6至北8城台之间的城墙当年即得以修复。而在此后的4年中，通过社会赞助，八达岭长城新修复城台10座，城墙3000余米，使景观发生了根本性变化；怀柔慕田峪长城修复正关台和正关台至大角楼间的4座城台和500余米城墙，1987年慕田峪长城正式开放为北京地区第二个长城旅游胜地；此外，密云司马台长城也修复了东侧4座城台和2000余米城墙。

据统计，从1984年到1994年的10年间为"爱我中华，修我长城"活动捐款的个人超过了50万人，单位、地区捐款者近10万个，国内外各界人士的捐款、捐物折合人民币超过2800万元，修复长城超过6千米。

"爱我中华，修我长城"活动，不仅让古老的长城恢复了生机，也唤醒了整个中国的文物保护意识。（图6-32）

伴随着赞助活动的开展，全国各地陆续展开了修复长城的活动，以前八达岭的长城砖好多被周围的村民拿去盖房子或垒猪圈，通过这个活动，老百姓们又自发地把那些长城砖送了回来，用于修复长城。

为了纪念这次社会赞助活动，组委会将邓小平同志的"爱我中华，修我长城"题词做成50份木版水印礼品，赠送给社会赞助活动的主要捐赠者。据说真迹保存在北京日报报业集团。

邮政部门发行了"纪念封"一套4枚，封图选取了北京4处长城重点景观，分别是居庸关云台、八达岭、慕田峪、古北口。

八达岭特区办事处，1987年6月在景区内修建了贵州省修复长城纪念碑，纪念贵州省以3000万人民名义捐赠100多万元，以修复八达岭长城南峰第五、第六、第七座空心敌台，以及三座敌台间的400多米城墙。1988年9月八达岭特区办事处在八达岭长城下"望京石"附近，修建了一座船舵形的汉白玉希腊船王碑，是为纪念希腊巨商拉特希斯先生捐献巨款用于修复长城而立的。旁边还修建了"中巴人民友谊长存"纪念碑，不仅仅是纪念巴基斯坦政府捐款修复长城，更重要的是向世人展示中巴两国人民之间的深厚友谊。（图6-33）（图6-34）

除此之外，八达岭特区办事处还在景区内专门设立一座纪念园，园内环境优雅、整洁，里面树立着10余块纪念碑，刻有捐款单位和个人的名字，供永世传颂。（图6-35）

图6-33　希腊船王纪念碑正面（卢子彤摄）

图6-34　"中巴人民友谊长存"纪念碑（卢子彤摄）

图6-35 "爱我中华，修我长城"社会赞助活动题名碑（卢子彤摄）

参考文献

［1］司马迁.史记[M].北京：中华书局，1959.

［2］罗哲文.长城[M] .北京：清华大学出版社，2008.

［3］中国长城学会.长城百科全书[M].吉林：吉林人民出版社，1994.

［4］董耀会.沧桑长城[M].上海：东方出版中心，2007.

［5］北京市地方志编纂委员会.北京志·世界文化遗产卷·长城志[M].北京：北京出版社，2008.

［6］北京民间文学丛书编辑部，爱我中华修我长城办公室.中国长城故事集[M].北京：北京燕山出版社，1987.

［7］宋国熹，孟广臣.八达岭史话[M].北京：光明日报出版社，1993.

［8］景爱.长城[M].北京：学苑出版社，2008.

［9］张廷玉.明史[M].北京：中华书局，1974.

［10］王士翘.西关志[M].北京：北京古籍出版社，1990.

［11］罗哲文.罗哲文长城文集[M].北京：外文出版社，1996.

［12］汤羽扬，陈海燕，董耀会.中国长城志：建筑[M].南京：江苏凤凰科学技术出版社，2016.

［13］北京八达岭特区办事处.八达岭长城[M].北京：北京旅游出版社，1988.

［14］延庆县文化委员会.北京延庆明代长城研究[M].北京：新华出版社，2011.

［15］华夏子.明长城考实[M].北京：档案出版社，1988.

［16］刘效祖，吴丰培.四镇三关志[M].全国图书馆文献缩微复制中心，出版时间不详.

［17］班固.汉书[M].北京：中华书局，1962.

［18］范晔.后汉书[M].北京：中华书局，1965.

［19］蒋一葵.长安客话[M].北京：北京古籍出版社，1982.

［20］北京市政协教文卫体委员会，北京国际城市发展研究院.长城踞北·综合卷[M].北京：北京出版社，2018.

［21］中共延庆县委宣传部，延庆县文化委员会.走进延庆古村落[M].北京：中国商业出版社，2015.